瓯骆汉风

管窥广西汉陶文化

◎ 蒋廷瑜 主编

OULUO HANFENG
GUANKUI GUANGXI
HANTAO WENHUA

广西美术出版社

鸣谢：
　　广西华盛拍卖有限公司提供藏品
　　耿宝昌先生为本书题写书名

《瓯骆汉风——管窥广西汉陶文化》

编撰委员会

主　　任：罗诗明
副主任：李钟全

主　　编：蒋廷瑜
副主编：梁秋芬

漢風骙骎

序言 Xuyan / Preface

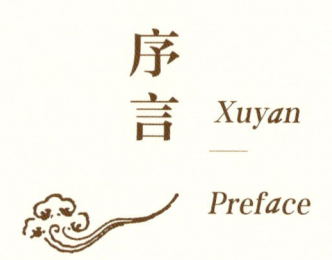

瓯骆汉陶——中国陶瓷之苑中的一朵奇葩

◎ 耿东升（中国国家博物馆研究员、艺术品鉴定中心副主任）

一、汉代陶瓷烧造简史

中国是世界著名的陶瓷古国之一，拥有悠久的陶瓷烧造传统和精湛的陶瓷制作技艺。早在距今2万年前，华夏大地上的先民们就已经会烧造和使用陶器。至公元前16世纪的商代中期，人们创烧了原始瓷。发展至东汉时期，在今浙江上虞烧制出了中国最早的成熟青瓷器。之后中国的制瓷业逐步繁荣起来，最终形成了艺术风格迥异、品种丰富的瓷器生产局面，对人类文明的进步做出了不可磨灭的贡献。中国古代陶瓷文化是中华灿烂文化的重要组成部分，一部中国"陶瓷史"，既浓缩了中华民族艺术与科学发展的漫长历程，更折射出当时社会政治、经济、生活及文化的日常百态。

秦汉两代是中国陶瓷发展史上的一个重要时期。在这一阶段，统一的中央集权的大帝国建立，封建社会得到初步巩固和发展，各族人民在统一政权的领导下步入了互相融合的过程之中。随着社会经济的发展、人口的增加、商业的兴盛和城市的开发，更由于秦汉440多年的政治统一和文化积累，陶瓷手工业表现出了卓越的创造性。秦代兵马俑的烧制成功，不仅是陶瓷工艺史上的空前壮举，更为研究秦代烧陶技术和雕塑艺术提供了珍贵的实物资料。汉代的陶塑继承了秦代深沉雄大的艺术风格，并在此基础上进一步发展。汉代时期重视墓葬，随葬品力求丰富而精细。在饮食所用的实用器皿中，盒、盘、案、杯等逐渐成组出现，为适应人们厚葬之需成为祭器。汉代陶器中最具特色的一类是大量摹拟生活场景并加以缩微的"明器"，也称为"冥器"，专供死者在阴间享用。由此而创造出的形态各异的陶器，如楼阁、仓房、灶台、牲畜圈、车马、井台、奴仆等，数量之多、种类之丰富，远超以往。汉代思想家认为"求美则不得美，不求美则美矣"（《淮南子·说山训》），因此汉代陶俑造型生动活泼、风格雄浑豪放、手法简洁洗练，具有浓厚的生活与时代气息。

汉代陶瓷工艺的一大成就是低温铅釉陶的烧制。它的应用和推广，为后来各种色调的低温釉的出现奠定了基础，唐、辽、金三彩均是受其影响而生产。至东汉晚期，浙江上虞已成功地烧制出瓷器制品，完成了从原始瓷向瓷器演变的过程，中国陶瓷遂进入了一个崭新的发展时期。

二、广西陶瓷发展简史

广西虽位于中国西南边陲，却是中国陶器较早的起源地之一。万年以上的中国古陶器，主要出土于现广西、江西和湖南三地，其中又以广西的古陶最为丰富。先秦时期，在广西境内活动的是中国南方百越部族中的西瓯、骆越部落，因此广西被称为"瓯骆"，亦作"西瓯骆越"。这一时期广西的制陶工艺与新石器时代相比有了很大进步，陶刻工艺更加成熟，装饰线条简洁明快、布局合理，还出现了简单的陶塑。秦汉时期，广西陶器生产成为汉越文明融合的产物，在保持地域风格的基础上，有了长足的发展，逐渐形成了无釉彩、以刻画为主的装饰艺术风格。东汉时期瓷业兴起以后，在广西冶陶最发达的钦州地区，陶器制造业依然非常兴盛。《钦县志》载："我钦陶器，谅发明于唐以前，至唐而益精致。"近年来，在钦州考古发现的母鸡坑古窑址等多处隋唐时期陶窑遗址，证明当时钦州陶器依然有很大销量。

自宋至清初，中国瓷器生产处于发展的鼎盛期，受中原影响，广西的瓷器制造业也有了明显发展，可谓窑场林立，有藤县宋代中和窑、桂平西山窑、兴安严关窑、柳城大埔窑、永福窑田岭窑、北流岭垌窑、合浦上窑村窑等。与此同时，制陶业处于一个缓慢发展期，以陶制生活用品为主。至清朝末年，广西陶器创烧出了独具特色的坭兴陶。民国之后，艺术陶为坭兴陶赢得了巨大荣誉。坭兴陶在承载广西陶万年传奇的深厚文化基础上化蛹成蝶，开创了广西陶艺术升华的新篇章。

三、广西秦汉陶器的特色

秦汉时期是广西社会大变革的时期，也是广西制陶业发展的重要转折期。秦始皇灭六国之后，"凿渠运粮，深入越"（《史记·平津侯主父列传》），于公元前219年命监御史禄在广西兴安修建灵渠，沟通湘江和漓江水系，从而一举平定百越，统一岭南。秦在广西设桂林郡和象郡，考古发现有几处颇具规模的秦代古城，从这个时期开始，中原文明和百越文明在广西逐渐融合，越人渐渐接受中原文化，采用汉姓，改说汉语。与此相应，秦城中出土的一些陶器形制也明显受到汉地的影响。此后的广西陶在继承古代百越风格的基础上，吸收中原地区的技术和文化，形成了独具一格的地方陶文化。

秦末汉初，南海郡守赵佗自立为南越王，统辖两广。汉武帝于元鼎六年（公元前111年）平定南越国后，在岭南地区推行郡县制，在今广西区域内设有郁林郡、苍梧郡、合浦郡等20余郡县。郡县制既便利了中央对岭南地区的直接控制，也加强了岭南地区与中原的联系与交流。汉统治者重视城市建设，从汉高祖刘邦开始，就"令天下县邑城"，即全国县级以上的住地都要修筑城池，发展到东汉时，已是凡县皆有城邑的局面。广西虽远离中央，但随着郡县制的推广，城市建设也在广西各地蓬勃发展。汉统治者重视贸易，国土和管制权延伸到东南沿海后，和东南亚、南亚、西亚诸国的贸易交流不断增多，"海上丝绸之路"应运而生。广西作为"海上丝绸之路"上的交通要冲，商业、经济迅速走向繁盛。

在汉代广西地区政治、经济、文化全面提升的背景下，广西制陶业也有了显著发展。生产规模迅速扩大，产品种类明显增多；生产技术相应提高，手制、轮制乃至模制都得到了充分的应用；陶塑大量出现。汉代文化里强烈的"事死如事生"观念催生出了大量陪葬用明器，在广西合浦汉墓群中，出土了大量的陶塑，制作工艺上乘。陶器的装饰风格趋于多样化，以传统的刻划技巧为主，同时出现了少量彩绘甚至釉陶。此外，窑场增多，窑床结构改进。广西有很多汉代陶窑遗址，如合浦草鞋村窑群和梧州富民坊汉窑等，这些窑址分布广、结构好，显示出当时制陶业已经步入正轨。这一时期，广西生产的典型陶器有瓮、双耳罐、多联罐、瓿、壶、匏壶、钫、盒、簋、碗、盆、甑、釜、鼎、豆等。

生活用器中印纹硬陶占多数，造型别致的三足器、多联罐、匏壶等具有明显的地方特点。印纹硬陶装饰精致，以几何图案为主，此外还有弦纹、镂孔、篦纹及文字记号等。

广西北海的合浦坐拥优越的地理位置，是"海上丝绸之路"的重要港口之一。由于生产技术的提高、贸易需求的增长以及原料的充足，从汉代开始，合浦逐渐成为广西陶的主要生产地和外销基地。广西合浦县已发现一个汉代大型制陶工场，初步探明共有21座陶窑和一个制陶作坊，规模之大、保存之完整，为目前国内考古发掘所少见，对了解和研究汉代手工业状况有重要意义。位于广西合浦县廉州镇东南的合浦汉墓群，已发掘汉墓累计千座以上，出土的重要文物数不胜数。其中，不仅有相当多的陶瓷器，还有大量的舶来品，如香料、琉璃、玛瑙、琥珀和水晶等器物，又一次佐证了合浦港是中国古代最早的"海上丝绸之路"始发港，为我国海外贸易史研究提供了珍贵的资料。周家干先生在《合浦乾体古港作为"海上丝绸之路"始发港探源》一文中说："近几年来，在合浦沿海的山口英罗，福成上、下窑，廉州老歌渡、草鞋村等处，以及南流江出海口处，发现了许多汉代的陶瓷窑遗址。这些陶瓷窑遗址，大多在合浦沿海，这说明汉代沿海的陶瓷生产，大都是为出口服务的。可见，汉代合浦已经成为重要的贸易都市和海湾……在苏门答腊、爪哇和婆罗洲（印度尼西亚称"加里曼丹"）的墓葬中，出土了大量的中国汉代陶器，所有这些出土的陶瓷的造型和花纹、彩釉与合浦出土文物是一样的，即证明了汉代合浦与东南亚交通贸易的史实。"

汉代的广西陶是百越文化与中原文化、荆楚文化交融贯穿的产物，又因地处"海上丝绸之路"的交通线上，兼具域外文明的色彩。广西地区远离中央政权，在文化方面有更广阔的自由发挥空间。汉代广西陶既有从主流文化中提炼出来的大气和厚重，又有自由创作的浪漫与率真，在体现中华文化共性的同时表现出了强烈而鲜明的地方性艺术特征。

俑形灯是汉代广西特色陶塑的代表之一。灯为东汉时期的典型器之一，以蹲坐的裸形俑体为灯柱，俑的头上顶一钵作为灯盘，造型十分奇特。（图1）灯柱的俑体大眼、高鼻、颧骨微突，嘴周及两颊、腮帮均刻划有络腮胡，额头缠有一圈饰带，裸形无服，体躯肥硕，两手交合置于腹前，仰首挺胸，双脚并拢，屈膝蹲坐，全身及四肢均有不规则的划痕。专家研究认为，此俑表现的是东汉时期来自印度恒河流域的"裸形外道"派人物，是忠实而虔诚的佛教信徒。其头顶钵形灯盘，就是印度僧人顶钵化缘的形象，也就是当时寺院的"化主"。此灯造型蕴含着早期佛教的文化信息，应是东汉时期佛寺或家庭禅室敬佛的专用台灯，也是难得的陶塑艺术品。在广西原贵县高中、梧州云盖山等地也出土了与之相似的陶灯，说明当时此类人形陶灯在岭南地区已较普遍。

陶楼阁是汉代典型的随葬模型明器之一，它集中体现了汉代的人文居住环境，具有重要的历史、艺术价值。东汉陶制四角六楼城堡（图2），长49.5 cm，宽48 cm，高35 cm。"坞堡"亦作"坞壁"，是汉代豪强大族躲避战乱、御敌自救的产物，也是当时庄园经济发展、私家武装壮大的见证。坞堡外围有一周方形城墙，四角设角楼，前、后各开一门，门上设有门楼。在坞堡大门内侧立有一候迎姿态的侍俑，形态栩栩如生。

广西汉代陶器有一些承袭青铜器的造型，既提炼了青铜器的器形美，又融合发展出独特的装饰美学，洗却了青铜时代的狞厉之气，代之以平和凝练的朴茂之美。东汉陶制龙首柄鐎壶（图3），造型仿自青铜盉，上配盖，下设三足。此器集酒具、壶具、炊具于一体，在同时代其他地区的陶器中甚为少见，充分体现了岭南人的艺术创造力。

东汉香熏炉（图4），外施青釉，作博山炉式，造型简洁雅致。分上下两部分，上部为熏笼，笼盖呈圆锥形，盖面堆塑出山峦，下部为盆形承盘。熏炉主要用于燃放香料，在室内熏香的习俗可上溯至战国时期。汉代流行青铜炉和陶制的熏炉，湖南长沙汤家岭西汉张端君墓出土的铜熏炉，刻铭文"张端君熏炉一"，故知汉代称其为熏炉。汉代熏香的风气，南方较北方略盛，博山炉作为西汉中期新出现的熏炉造型，并长期沿用不衰，最早的考古发现即见于岭南地区的汉墓中。

四、总结

瓯骆汉陶不仅是广西陶瓷文化的重要组成部分，标志着广西陶瓷发展史上的关键性转折点，更是中国陶瓷之苑中的一朵奇葩。瓯骆汉陶是中国国内多元文化互动融合的产物，汲取和蓄纳了南北良工之精华，在继承与创新中求发展。瓯骆汉陶的发展还与"海上丝绸之路"的开拓和对外开放密切相连。广西凭借有利的地理位置和便利的交通优势，通过"海上丝绸之路"开拓产品的销售市场和生存发展空间，向东南亚、非洲和欧洲等地传播了瓯骆陶瓷文化，为国际经济文化交流作出了积极贡献。

图 1　俑形灯
图 2　四角六楼城堡
图 3　龙首柄鐎壶
图 4　香熏炉

1	2
3	4

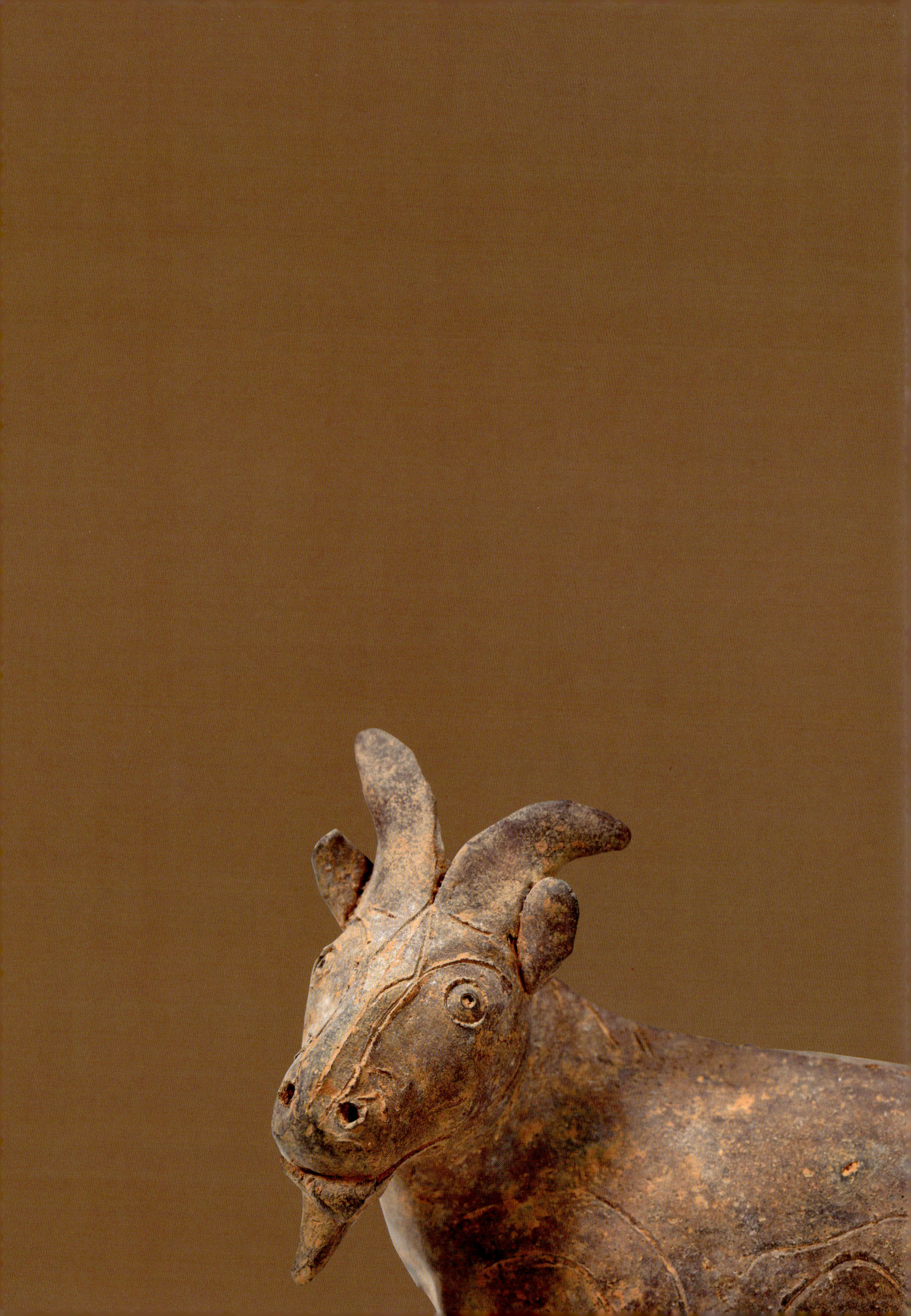

目录 Mulu — Contents

序言   004   **瓯骆汉陶**
——中国陶瓷之苑中的一朵奇葩

文论   015   **瓯骆汉风**
——广西汉代陶艺的展示

         017   一、藏品品类解读
         018   （一）生活用器

                     1. 陶鼎

                     2. 陶盒

                     3. 陶壶

                     4. 陶钫

                     5. 匏壶

                     6. 陶瓶

                     7. 陶瓮

                     8. 陶罐

目录 Mulu

Contents

9. 三足罐

10. 联罐

11. 陶瓿

12. 陶簋

13. 陶釜

14. 酒樽

15. 陶魁

16. 陶杯

17. 陶卮

18. 勺斗

19. 鐎壶

20. 熏炉

21. 提桶

22. 台灯

23. 陶案

24. 陶埙

040　（二）模型明器

1. 房屋

（1）单体型

（2）曲尺型

（3）三合型

（4）楼阁型

　　　　　　　　　　（5）城堡型

　　　　　　　　2. 仓囷

　　　　　　　　　　（1）陶仓

　　　　　　　　　　（2）陶囷

　　　　　　　　　　（3）碓屋

　　　　　　　　　　（4）猪圈

　　　　　　　　3. 陶井

　　　　　　　　4. 陶灶

052　　（三）人物俑

　　　　　　　1. 伎乐俑

　　　　　　　2. 礼仪俑

　　　　　　　3. 托灯俑

054　　（四）动物俑

　　　　　　　1. 家畜俑

　　　　　　　2. 家禽俑

055　　二、藏品的文化价值

图录

061　　生活用器

172　　模型明器

202　　人物、动物俑

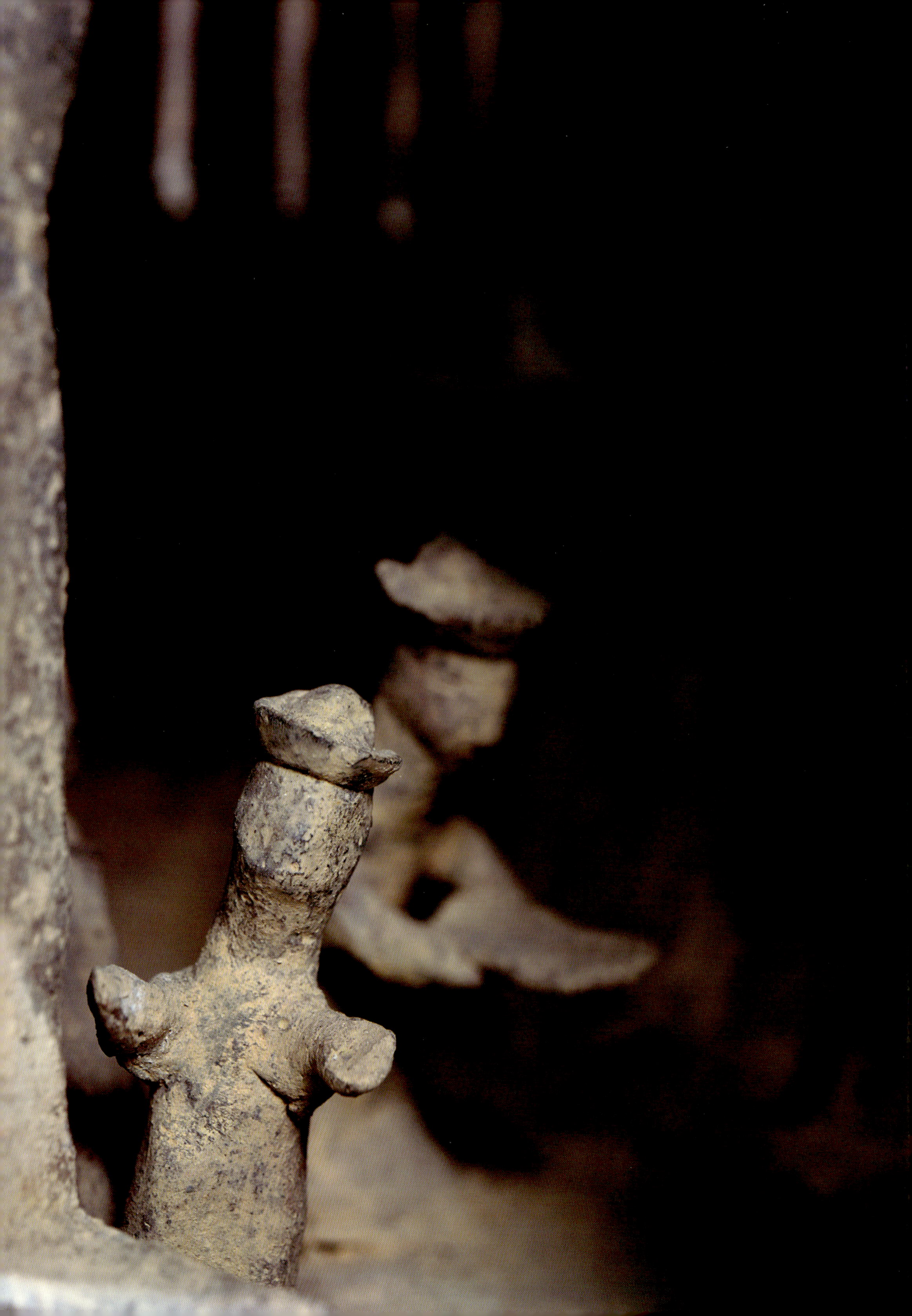

瓯骆汉风——广西汉代陶艺的展示

◎ 蒋廷瑜

陶器是泥、水与火的完美结合，是人类最早的文明成果之一。先民们将黏土用水调匀，抟制成坯，施高温焙烧，从而发明了陶器。陶器的出现，标志着人类从采集、渔猎经济的旧石器时代过渡到以农业生产为基础的新石器时代，促进了人类定居生活的稳定，加速了生产力的发展。

广西地处祖国南疆，是中华文化的发祥地之一。20 世纪 80 年代百色旧石器时代遗址的发现，说明距今 80 万年前，广西这片土地上已有人类劳动生息。2008 年 5 月在崇左市江州区罗泊乡木榄山半山腰上的一个岩洞里发掘出一件智人下颌骨前部断块化石，是距今 11.1 万年前的人类祖先，说明几十万年来原始居民已在右江和左江流域繁衍生息。有了人，就开始有了历史。他们使用石器，开辟草莱，向大自然索取生活资料，过着群居生活，开启了广西历史的篇章。"人猿相揖别，只几个石头磨过，小儿时节"（毛泽东词）。距今一万年前后广西先民进入新石器时代，开始定居，发明了陶器，学会种植农作物和饲养家禽家畜。桂林甑皮岩、庙岩、大岩发现过万年前的陶器遗存，证明广西是陶器重要的起源地。甑皮岩遗址主要是居住地、墓地、烧坑、石器制作场和石器存放地，出土了大量野生动物如豪猪、獾、麂、猴、鹿和少量的猪、牛、羊的骨骼，以及大量河蚌、田螺、龟、鱼的壳或骨刺，还有鱼骨钩、鱼骨镖、骨镞、甲刀、蚌刀、蚌网坠等工具，伴出大量的陶片。这些陶片掺和着粗糙的砂泥，可复原的器形有罐、瓮、钵、釜。这个时期的陶器都是徒手制作的，器表饰以绳纹、篮纹和席纹，陶胎厚薄不匀，烧成温度只有680℃，质地松碎，有的还呈千层糕状。就是这样的陶器，标志人类懂得用火改变自然物的性质，制造生活用具，彻底摆脱了茹毛饮血、悬挂烧烤的原始状态，迈入炊煮饮食的新纪元。新石器时代中期以后，先民学会淘洗泥料，烧制泥质陶器，发明用慢轮修整的办法对手制的陶器进行加工，使器形更加规整、美观和实用。

先秦时期，生活在广西的原始居民是百越民族中的西瓯和骆越，将当地制作陶器工艺传承下来，在陶器坯上拍印方格纹、曲折纹，并仿青铜器上的夔纹、云雷纹和米字纹，烧制出火候较高、装饰华丽的几何印纹陶器。

秦始皇统一中原，进而统一岭南，在岭南设立桂林郡、南海郡、象郡，将广西纳入秦王朝版图。将原先各有君长、互不统属的民族地区置于大一统的中央王朝统治之下。在统一岭南的过程中，修灵渠，开新道，沟通长江和珠江两大水系，加强了中原内地与岭南地区的经济和文化交流。秦始皇曾派一万五千名未婚妇女来岭南与士卒婚配，统一岭南之后，又不断把中原人民迁移到岭南来"与越杂处"，带来先进的文化和先进的生产技术，推动了岭南的经济开发，岭南越人社会进入一个新的发展时期。

但是秦朝短暂，很快就在农民大起义中灭亡。秦朝旧将南海郡龙川令赵佗代理南海郡尉，乘中原战乱之机，兼并桂林郡、象郡，在岭南地区建立起半独立状态的南越国，推行一系列"和集百越"的民族政策，以中原南来的将士为骨干，吸收越人首领参与王国的政权管理；尊重越人习俗，鼓励南来的中原人与当地越人互通婚姻，革除越人内部相互攻击的陋习，改善与相邻民族的睦邻友好关系，维护了岭南社会稳定，促进了岭南经济文化的进一步发展。但是，南越国统治者对汉王朝中央政权若即若离，最后走上叛离中央的道路。汉武帝为维护国家统一，于元鼎六年（公元前111年），一举平定南越国，使岭南重归中央版图。在岭南重新划分郡县，岭南越人地区进入初郡时代，在越人地区推行"以其故俗治，毋赋税"的民族政策，增进了越人与南来汉人的融合和团结，进一步推进了岭南经济文化的发展。

广西面向南海，在农业经济发展的同时，也发展了渔猎和采集经济，推动了向海洋的发展，秦汉以后，开通了海上丝绸之路，外来文化为中华民族注入新鲜活力。

秦汉时期是广西社会经济文化的大发展时期，在陶器制作上也是如此。无论是陶器的种类、器形、装饰和制作工艺等都表现出前所未有的新面貌，各种新型的日用陶器种类大量涌现；陪葬用的陶制明器空前发达，开启了广西陶瓷雕塑艺术的先河。

汉代社会风行厚葬，正如桓宽《盐铁论》所说："厚资多藏，器用如生人。"民众到处修建大坟堆，将死者生活用品和仿生明器埋入地下。汉魏时期诗人经常咏及墓冢，古诗《十五从军征》："遥望是君家，松柏冢累累。"阮籍《咏怀》诗曰："丘墓蔽山冈，万代同一时。"阴铿《行经古墓》说得更明白："偃松将古墓，年代理当深。表柱应堪烛，碑书欲有金。迥坟由路毁，荒隧受田侵。"广西也是如此，在秦代的桂林郡、汉代郁林郡所在地的贵港，汉代合浦郡所在地的合浦，苍梧郡所在地的梧州，临贺郡所在地的贺州，以及零陵郡所辖的全州、兴安等地都有庞大的汉代墓群。后世人在这片土地上劳作，有意或无意动土，把埋藏在地下的陪葬品挖掘出来，重见天日。其中最大宗的陪葬品是陶器。这些陶器大多为各地博物馆收藏，有的流落民间或流入私藏。这些陶器，从多方面再现了汉代广西人生产生活的画面，呈现了汉越文化融合的历程。（图1）

一、藏品品类解读

广西陶器的地方特色在战国至西汉前期表现得最为明显。先秦时期主要有炊煮器鼎、釜、甑，饮食器盆、钵、碗、壶、豆、杯，盛储器瓮、瓿、罐、尊

图1　合浦堂排大墓封土堆

和一些酒器。入秦之后，这些类别的陶器仍然生产，而且增加了许多新器形，如饮食器新增了温壶、魁，盛储器增加了盒、联罐，酒器新增了温酒樽。西汉前期以灰色硬陶为主，多为实用器，三足罐、三足盒、罐形鼎、米字纹瓮等，地方色彩仍然很浓。随后出现鼎、盒、壶、钫等一套仿铜礼器，也涌现出簋、匏壶、联罐等地方色彩的陶器。西汉后期至东汉，地方色彩逐步减弱，一些越式陶器如联罐、陶壶、陶瓿、陶瓮、陶钫、陶鼎等逐渐被淘汰，非实用且地方特色不大的器形增多，主要品种有汉式鼎、盒、壶、钫、罐、盂、钵、釜、碗、熏炉之类，新出现的品种有四耳罐、鐎壶、博山炉、瓶、耳杯、奁、樽、提桶、案几、榻、砚、灯，前所未有的建筑模型明器屋、仓、井、灶、人俑、家畜家禽俑大量涌现。

我们记录的这些广西汉代陶器仅是沧海一粟。现分生活用器和模型明器两大类加以解读。

（一）生活用器

1. 陶鼎

鼎是奴隶时代祭祀时盛三牲的头等重要礼器。夏铸九鼎，成为天下共主的象征。周代贵族有一套用鼎制度，诸侯九鼎，卿、上大夫七鼎，下大夫五鼎，士用三鼎。这里说的鼎都是铜鼎。传说夏铸九鼎，迁于商周，秦时遭到覆没，暗示着用鼎制度发生于夏，商周继而用之，经过春秋战国时期的社会大动荡，传统礼制受到猛烈冲击，秦以后就崩溃了。到汉代，用鼎制度已名存实亡，随葬很少用铜鼎，陶鼎则是仿铜礼器的，没有严格数量限制。

广西先秦时期也有铜鼎，恭城嘉会乡秧家村金堆桥出土一件春秋时代晚期的蟠虺纹铜鼎，通高 55.5 cm，口径 58 cm。圆口，附耳，深腹，圜底，马蹄足，口沿下微束，耳内外、口下、腹部饰蟠虺纹各一道，腹部间以绳纹二道，腹下部饰三角纹一道，膝上部饰饕餮纹。庄重深沉，是典型的楚式鼎。广西到汉代仍有铜鼎，有两种形制，一种是汉式的，如贵港罗泊湾西汉前期墓所出，球形，器盖皆全，子口内敛，圆腹圜底，口沿外附长方形竖耳，底附三只马蹄形足；盖作半球形，盖面有三只环纽。另一种是越式的，无盖，器体为盘口，扁腹，平底，底下附三只稍为外撇的直足，口沿外附一对绞索形半环耳。陶鼎也有相应的变化，最著地方特色的是夹砂褐胎的罐形鼎，深腹似罐，圜底，三锥状足，整个鼎身外表都饰粗方格印纹，是西瓯地区特有的陶器。汉代的陶鼎则是仿中原内地的礼器，基本形态是：敛口，圜底，三蹄足。圆盖隆起，盖面有等距离的三环形纽，盖顶有四叶纹乳突，盖面饰弦纹。（图2）

本书图录部分展示15件陶鼎，我们具体赏析其中的11件。

图2　平乐出土的罐形陶鼎

附耳蹄足鼎（第062页上图），盖已失，子口内敛，圆腹，口沿外有一对长方形附耳，腹中部有一道突棱，圜底，下附三蹄足，是典型的汉式鼎。口径17.2 cm，高16.7 cm。

环纽浅盖附耳宽凸棱蹄足鼎（第062页下图），是典型的东汉鼎。盖面有篦点纹，肩有环形附耳，腰部凸棱很宽。

桥耳撇足鼎（第063页下图），圆口圆腹，肩部有横向桥形耳一对，圜底，附三只棱形足。口径12.5 cm，高13.7 cm。

隆盖环耳鼎（第065页上图），半球形盖，盖面有三个半环纽，器口外附一对环纽，扁腹，平底，三足略外撇。口径14.2 cm，高19.5 cm。

带盖附耳撇足鼎（第065页中图），浅圆盖，顶中乳突饰，乳突两侧钻小圆孔，以系绳。外围耳形纽，器肩有一对半环形附耳，浅腹，平底，附三棱形足。口径12.3 cm，高17.2 cm。

片纽盖附环耳浅腹鼎（第065页下图），盖、身都刻划三角齿纹和波浪纹，相当精美。口径20.5 cm，高22.5 cm。

圆盖附耳鼎（第067页上图），篦点纹鼎，顶中乳突，盖面双弦纹三道，内饰斜排锥刺篦点纹，腹侧附一对方形耳，扁腹，圜底，三斜足，口径13.6 cm，高19.1 cm。

刻划锯齿纹鼎（第067页下图），盖顶饰活环纽，周边饰三耳片状突，盖顶平，斜面弦纹分区，内刻三角齿纹，腰上部刻锯齿纹，下部光素，侧附环耳，平底，下附三棱形足。口径17.7 cm，高25.4 cm。

柿蒂纹盖鼎（第068页），釉陶鼎，浅钵盖，顶有乳钉，外围三环纽，肩部一对条形耳，圜底，下附三足。

乳丁弓形纽盖附耳宽凸棱水波纹鼎（第069页下图），盖顶中乳丁，坡面三只弓形纽，腹侧矩形附耳，宽凸棱，盖面及肩部刻划水波纹。宽19 cm，高17 cm。

环纽浅盖宽凸棱水波纹鼎（第070页），盖顶中桥纽衔环，肩附半环耳，宽凸棱，浅腹平底，下附三蹄足。盖面篦点纹，肩部刻划水波纹。宽19.5 cm，高16 cm。

2. 陶盒

盒是盛食器。上盖，下器，子母口。是战国时代日用陶器，在汉墓中屡有所见。矮身鼓腹，体型小巧浑圆，盖纽与器身配合协调，严丝合缝，造型简朴，器表用轮旋、剔刻等手法装饰的纹样精美。有的陶盒在底下加上三足，更现出几分端庄。做工精致，足堪把玩。西汉陶盒，有大有小，有的圜底圈足，有的圜底三足，有的器表饰刻划纹，有的饰彩绘花纹。盖纽有乳突状的，有平圆立式的，有双线形半环式的。贵港罗泊湾汉墓出土无足陶盒5件，扁圆形，器身高不足4 cm，口径8.4 cm，小巧玲珑；三足陶盒21件，器身稍高，器盖顶部隆起，纽的式样各异，有乳突形、圆饼形、桥形、鸟形。西汉前期还有联盒，东汉后期陶盒器身扁度变小，圈足升高，盒向联罐形式转变。

本书图录部分收录陶盒6件，我们具体赏析其中的4件。

圆饼抓手浅盖平底盒（第072页上图），器体小巧，抓手相对宽大。口径9.8 cm，高7.3 cm。

圆饼抓手篦点水波纹盖三足盒（第072页下图），盖器接合紧密，三扁足。盖面饰锥刺篦点纹。口径8.1 cm，高7.6 cm。

圆饼抓手水波篦点纹浅盖盒（第073页上图），颜色黝黑，盖器紧扣，浅腹平底。盖顶置圆饼形抓手，盖面由三弦分成三区，填饰锥刺篦点纹，旋转方向一正一反相间隔，底部有一个刻划符号。口径13.9 cm，高11.3 cm。

篦点纹盖水波纹三足盒（第073页下图），口径16.4 cm，高12.7 cm。子口合盖，结合不紧密，器表有灰釉，盖面隆起，顶置圆饼形抓手，盖面由三弦分成三晕，分别饰圆点纹、栉纹和水浪纹，器身较宽大，也施弦纹，其间宽晕为圆点纹。

这些陶盒与平乐银山岭战国墓和贵港罗泊湾西汉前期墓出土的陶盒相似，年代比较早，都是战国晚期和西汉前期的。

陶盒是用来做什么用的？1976年在贵县（今贵港市）罗泊湾一号汉墓出土5件，其中一件内盛植物叶，经当时的广西林业科学研究所鉴定，是冬青科冬青属的铁冬青。1979年在贵县罗泊湾二号墓又出土4件陶盒，其中一件也盛这种植物叶。铁冬青又名熊胆木，也叫红熊胆，茎、叶味都苦，性寒，可以入药，能清凉解渴和镇痛。每到夏天，在南宁街头常见摆卖的清凉解渴饮料"王老吉"茶，就是用铁冬青的皮、叶加上茅草根和甘草等熬制而成的。用铁冬青的树叶煎茶喝，还可以治喉痛和风热头痛病。罗泊湾一号墓还有一件三足陶盒内盛有

图3 罗泊湾出土的装铁冬青的陶盒 　　　　图4 罗泊湾出土的盛青梅的三足陶盒

青梅。（图3、图4）

因为岭南炎热潮湿，所以古人设计制作密封性能好的陶盒用来装饮品、果品和其他需要防潮的物品。

3. 陶壶

壶是仿葫芦制品，因其形象似葫芦，故名。《仪礼·聘礼》载："八壶设于西序。"注曰："酒尊也。"壶是盛酒器，如长沙马王堆汉墓出土的遣策中写道："漆画壶二，皆有盖，盛米酒。"合浦汉墓出土的一件铜壶没有掀盖，据说壶内装有酒。晋人陶渊明《饮酒》诗中多次提到"一觞虽独进，杯尽壶自倾"，"故人赏我趣，挈壶相与至"。有的壶也用来盛粮食和盛装其他食物，合浦汉墓出土的陶壶肩部曾出现刻写的"骨"字。

陶壶是汉代十分流行的器物，一般是长颈，小口，圆鼓腹，腹下有圈足，腹颈相接处，有对耳。有的在另外两个方向还有两个提环，圈足与器耳成垂直，相对处有一个小圆孔，用来穿绳提起。提绳从器足穿过，不是直接系在器耳上，一来安全，不因承力过重而断裂；二来器耳固定绳带使壶身不致倾倒。（图5）

图5 陶壶穿绳提起示意图

陶壶在合浦、贵港、梧州、平乐、兴安的汉墓中都有出土，说明当时使用相当普遍。辛延年《羽林郎》诗曰："就我求清酒，丝绳提玉壶。"李白《拟古诗》曰："提壶莫辞贫，取酒会四邻。"真可谓"梦时乾坤大，壶中日月长"。盛酒的壶也被称为"钟"。《说文·金部》："钟，酒器也。"长沙马王堆汉墓遣策中有"漆画钟一，有盖，盛温酒"，说的就是壶。从形制看，钟比壶稍为圆胖。钟也作计量用，谚曰："良田万顷，日食一钟。""一钟"指的是一钟粮食，一个人再富有，哪怕有万顷田，一天也只能吃一钟粮食。

本书图录部分收录14件陶壶，我们具体赏析其中的6件。

双耳胆形腹壶（第 074 页下图），盖失，通体酱色釉，肩有横向桥耳，圈足近底处与横耳相对的地方钻圆形小孔，是系绳之处。

双耳双铺首盖壶（第 075 页），矮胖，显得很丰满，盖顶有片状凹形纽，是封检盖封泥之处，肩部有横向桥形纽，还有一对铺首衔环。腹径 27.7 cm，高 38 cm。

双耳瓦纹壶（第 076 页），圆口有唇，粗颈，肩附一对横向桥形耳，扁圆腹，饰五道瓦纹，高圈足外斜。腹径 18.5 cm，高 23.3 cm。

浅盖双耳双铺首高圈足壶（第 078 页），有盖，较高瘦，颈呈腰鼓形，肩系横耳，高圈足，腹径 23.4 cm，高 36.5 cm。

双耳铺首高圈足壶（第 079 页），缺盖，稍显瘦长，颈上细下粗，下部刻三角齿纹，肩有二横系耳及铺首衔环，腹刻菱形网纹，高圈足，近底穿小圆孔。

直口象鼻双耳三足刻铭壶（第 081 页），平口，直颈，扁圆腹，肩部附一对象鼻形耳，平底，下附三矮足。底部有"山"形刻划符号，是西汉早期特征。腹径 14.7 cm，高 14 cm。

4. 陶钫

陶钫是铜钫的仿制品。铜钫是从铜钟、铜壶变化而来的。《说文·金部》曰："钫，方钟也。"即钫是方形的钟壶。汉墓随葬的陶器组合常是鼎、盒、壶，或是鼎、盒、钫，让陶钫与陶壶处于同等地位。

陶钫虽仿于铜钫，但有创新。中原内地的铜钫，器身下部鼓出，对应的腹面有环耳，方口，方足。陶钫的器形以壶为基准，腹部横断面多呈正方形。广西汉墓所见陶钫，方形直口，溜肩，腹呈椭圆形突出，下弧收缩，形成平底，方形足。肩部两耳是双线半环形，耳座有模印铺首，有直唇扣入器内的方顶器盖，方足处有圆形穿孔与器耳垂直相对，为穿绳带所用。从制作工艺来说，制作陶钫比制作陶壶复杂得多。陶壶主体是圆形，制坯在慢轮上一次可以完成，制作陶钫则需要用模具，做成四片，然后相并接。钫是盛酒器。贵港火车站西汉墓出土一件陶钫，肩部四面皆戳圆印，印中有"万石"二篆字，夸言贮量之大。（图 6）

本书图录部分仅收录 1 件陶钫，我们来看一看。

直口桥耳长身钫（第 087 页上图），缺盖，平口，方唇，短颈，鼓腹，平底，方足，肩附两只半环耳，腹两侧模贴铺首衔环。器身线条柔和，素面无纹，端庄大方。梧州旺步西汉墓出土一件与此极似。口径 12 cm，高 36.8 cm。

"万石"戳记

图 6　贵港火车站西汉墓出土有"万石"戳记的陶钫

5. 匏壶

匏壶，顾名思义是形如匏瓜的壶。汉代桓宽《盐铁论·散不足篇》说："庶人器用即竹柳陶匏而已。"即一般老百姓日常用品是用竹藤编制、陶烧制、掏空匏瓜所制。陶匏壶是仿匏瓜的壶，没有任何雕饰，具有极浓厚的地方特色。

广西在先秦时期的印纹陶中已经出现匏壶，西汉早期墓中还较少见，到西汉晚期和东汉早期木椁墓才普遍出现。西汉早期匏壶小口，平底，器体丰肥；后来上部逐渐加长，下部出现圈足，并逐渐加高。贺州铺门河东高寨西汉墓出土一件匏壶，颈身分节不明显，底下附三只卷曲足，腹部有卷云座半环耳一对，饰箄纹和宽凹弦纹带。后期的匏壶，器身加高，分节明显，底部附较高的圈足，器表仅有二三道凹形的弦纹。贵港火车站东汉墓出土一件匏壶，葫芦形，通体施釉，肩附双耳，肩部、腹部饰凹弦纹和箄纹，足部有供系绳的穿孔，底附喇叭状高圈足。（图7）

图7　贵港火车站47号墓陶匏壶

本书图录部分只收录1件匏壶，我们来赏析一下。

桥耳葫芦形匏壶（第087页下图），葫芦状，小口，溜肩，乳状颈，肩有一对横陈的桥形纽，球形腹，低圈足。器表呈粉白色，腹部有三道凹弦纹，其余部位均素面。有西汉时代特点。

6. 陶瓶

陶瓶是由陶壶演化而来的，颈比陶壶的长而细，所以又叫长颈瓶，也叫长颈壶，是西汉晚期开始出现的盛酒器。其形态特点是长颈，圆腹，圜底，高圈足。陶瓶的学名应为"钘"，《说文·金部》中有"钘，似钟而颈长"，即此。

本书图录部分收入6件陶瓶，我们来看看。

三角纹四耳瓶（第088—089页），颈、肩、上腹刻划角形菱形纹。口径5.5 cm，腹径18 cm，底径12.7 cm，高17.3 cm。

"万两"铭双耳瓶（第090—091页），短颈，扁圆腹，肩部刻"万两"二字，被釉覆盖。口径4.2 cm，腹径15.5 cm，底径10.5 cm，高13.2 cm。

"杏门"铭长直颈瓶（第092—093页），口径3.8 cm，腹径14.3 cm，底径9.2 cm，高25.8 cm。颈分三节，上节素，口沿下刻有"杏门"二字。中节饰锯齿纹，下节光素，刻写"左"字，肩部划锯齿纹，腹部划菱形纹。

太阳纹直颈瓶（第094页上图），小圆口，细长颈，球形腹，粗圈足，表施青釉，颈部釉已脱落，可见二道双弦纹，肩部刻划复线三角纹，腹上部刻划太阳纹，似旭日东升，光芒四射。口径3.1 cm，腹径14.6 cm，底径9.2 cm，高22 cm。

羽状纹直颈瓶（第094页下图），颈部上端刻划倒三角齿纹，肩部刻划齿纹，腹上部划三道双弦纹，其间刻划莲瓣纹，也被青釉覆盖。

羽状三角纹直颈瓶（第095页），颈有二道双弦纹，肩部刻鳞形锦纹，下腹部刻弦纹，被青釉覆盖。口径3.5 cm，腹径14.6 cm，底径10 cm，高21.9 cm。

7. 陶瓮

瓮是大型容器。《说文解字》说："瓮，罂也。"又说"罂，缶也"，并说"缶，瓦器，所以盛酒浆。秦人鼓之以节歌"，是一种盛酒器，可以拿来敲打奏乐。陶瓮不光盛酒浆，还用来盛装其他食物，如粮食之类。贵港罗泊湾汉墓出土记录随葬品清单的木牍《从器志》记载有"鲐三罂脊"，说的是三罂（瓮）腌制的海鱼酱。

岭南多雨，空气湿度大，作为存储器的瓮，体型大，或大鼓腹，或高身，撮口，有合缝严密的盖。为了方便搬运，瓮身四面常加半环形横耳。在广西流行于战国晚期至西汉前期。

本书图录部分收录5件陶瓮，我们对其中4件进行赏析。

广口长腹瓮二件（第096页），一件拍印米字纹，腹径42 cm，高51 cm；一件拍印细方格纹，腹径44 cm，高55 cm。

"同"字符号瓮（第097页上图），翻唇，短颈，圆肩，长腹，最大径在上部，往下逐渐内收，小平底。器表从唇部以下直至接近底部全拍印米字纹，肩部刻划"同"字符号。通高57 cm，口径31 cm，底径22 cm。

"山"字符号瓮（第097页下图），形制与"同"字符号瓮相近，只是腹部更宽一些，略显矮胖，器表也是拍印米字纹，刻划符号也在肩部。器形比"同"字符号陶瓮略小，通高48 cm，口径27.7 cm，底径21 cm。

大口广肩双条状耳米字纹瓮（第098页），与前二件不同的是，这件陶瓮肩部有对称的四个手捏后粘贴的双条状耳。通高42 cm，口径26.5 cm，底径18.5 cm。

有耳与无耳之别，在于便于搬运。陶瓮比较笨重，不便提携，也不能抱着走。

要运走这样大的陶瓮，得有一定诀窍，一般是双手扳着口沿，让底部旋转滚动，一圈一圈地挪动。如果在肩部装有耳，就可系上绳索，用杠抬走。

陶瓮在战国时期已大量出现，在西瓯人的墓中常被置于腰坑。平乐银山岭战国墓出土的陶瓮高大粗壮，用泥条盘筑制成粗坯，然后慢轮定型，用带纹饰的木拍拍打成形，再装接底部，拍印方格纹或米字纹，入窑焙烧，火候很高，敲起来有金属声。

说到陶瓮，人们会立即想起"请君入瓮"这个成语。唐朝武则天任用了一批酷吏，其中最为狠毒的是周兴和来俊臣。有人告发周兴谋反，武则天责令来俊臣查办。来俊臣怕周兴反击，心生一计，准备了一桌酒席，请周兴喝酒，酒过三巡之后，来俊臣向周兴请教：我办案遇到一些犯人死不认罪，不知如何是好？周兴说：这好办，你找一个大瓮，四周烧上炭火，把犯人请进去就是了。来俊臣随即命人抬来一口大瓮，在四周燃烧炭火，然后回头对周兴说：宫里有人密告你谋反，命我严查，现在就请你自己钻进瓮里去吧。周兴一听，扑通一声跪倒在地，老老实实招供。瓮可容人，可见其大。

8. 陶罐

陶罐作为盛器，是广西陶器贯穿始终的器类，汉代陶罐在传统器形基础上有些发展，出现许多器形变化，装饰也具有地方特色。陶罐造型，有的无耳，有的附双耳或四耳。无耳和带耳的罐，式样又各有差异：罐口有大有小，分敛口与敞口两种，口唇有直有卷，罐颈有高有低，有的无颈，罐身有鼓形、梨形、筒形，由于腹部的内在张力使其成为视觉处理的主要部位，线条都较流畅，底皆为平底。四耳罐的四耳横在肩部，而有的无耳罐肩部也贴两个扣饰，说明陶罐的实用性与审美性高度统一。西汉后期新出现四耳展唇罐，有盖，器盖套入器唇中，有的盖与唇相扣合。唇部贮水，使罐内物与外界空气隔绝，起到防止腐败变质的作用。东汉以后各式双耳罐、四耳罐的腹部拉长，罐身表现出鼓出弧度减小的趋向，发展到后来干脆没有弧度，成为直身罐了。直身罐身直如筒，线条变得更为简洁。陶罐纹饰采用拍印或者压印，主要有方格纹、米字纹、网纹、对角纹、弦纹等，丰富了视觉效果。

贵港孔屋岭东汉墓出土一件四耳陶罐，内装满薏米（图8）；合浦出土一件四耳陶罐，内装满海蛤（图9）。

图8 盛放薏米的四耳罐

图9 盛放海蛤的陶罐

本书甄选了无耳罐 8 件、双耳罐 5 件、四耳罐 6 件和直身罐 5 件，我们具体欣赏其中的一些。

敞口束颈罐（第 100 页上图），敞口，翻唇，束颈，椭圆腹，平底，通体拍印方格纹，在方格纹地上再戳印方块纹，腹中部滑出一道凹弦纹。

广口方格纹圆形戳印纹罐（第 100 页下图），敞口，翻唇，束颈，椭圆腹，平底，通体拍印方格纹。

直唇双耳罐（第 104 页上图），折腹，大平底。口径 8 cm，高 12.7 cm。

桥纽盖双耳水波纹罐（第 106 页下图），盖顶有双桥形纽，扁圆腹。盖面饰锥刺篦纹，器身饰水波纹。

片纽盖双耳直身罐（第 111 页上图），其盖与陶提桶的盖相同，顶有凹形片纽。口径 8.7 cm，高 18.4 cm。

双耳直身罐（第 111 页下图），平口，短颈，直筒身，平底，上腹有一对桥形耳。口径 9 cm，底径 13.5 cm，高 13 cm。

带盖直身罐（第 112 页），盖顶桥形纽，斜肩，直筒腹。

四耳直身罐（第 114 页），覆碟盖，盖顶有半环纽，圆唇圆领，溜肩，直筒腹，腹壁略微下斜，使腹部上窄下宽，大平底。上腹部附四只横向桥形耳。全身饰刻划纹，盖面上段是水波纹，下段是三角齿纹，肩部饰三角齿纹，系耳处饰小水波纹，腹中部饰双线菱格纹，下部饰宽大水波纹。口径 9.7 cm，高 24.8 cm。

9. 三足罐

三足罐是从三足盒发展来的，在战国晚期和西汉前期流行。贵港罗泊湾西汉初期墓曾出此类小罐，是西汉前期有代表性的地方特色器类。

本书图录部分有一件瓦纹三足罐（第 115 页上图），缺盖，小口，球形腹，肩附双股桥形小耳一对，底附三扁足，腹部施密集弦纹。

10. 联罐

西汉前期至中期盛行联罐。联罐一般是由多个大小相等、形制相同的小罐粘连而成，有二联、三联、四联、五联之别。联罐的罐身相连但不相通，罐身大都有比较密集的弦纹或水波纹，罐盖则大都有斜线刻纹或篦纹，俯瞰下有如组合图案一般，很富美感。罐的盖纽多种多样，有爬行蜥蜴状、卧鹿状、半环式、立鸟式等，也有一般的乳突式和桥式。有的底部附短足，短足有直立式的，有卷曲式的。三联罐由三个小罐连接成，如"品"字形，互不相通。四联罐由四个小罐相连而成，每个小罐都有盖，盖面隆起，一般饰篦纹，有双条弓形纽，罐腹一般饰弦纹和水波纹，底部附有四个短足。五联罐是在四个相连的小罐中间再加一个更小的罐子，每个小罐都有盖，盖顶有纽。

本书图录部分收录4件联罐，其中2件四联罐，2件五联罐。

弦纹四足四联罐（第116页上图），由四个相同的小罐相连成方形，小罐小口，扁圆腹，平底，腹部饰密集弦纹，盖为覆钵形，顶有桥形纽，器表饰戳印篦纹，底附四足。宽19.5 cm，高9.5 cm。

篦纹四联罐（第116页下图），也由四个相同的小罐相连而成，盖为覆钵形，顶有双股桥形纽，器表饰戳印篦纹，器身为小口扁圆腹，腹部饰密集弦纹，外侧附云纹小耳，平底，下附四短足。

平底五联罐（第117页），四个小罐呈"井"字形粘连，中心另放一小罐。小罐的盖已失。

四足五联罐（第118—119页），由五个小罐组成，其中四个相同的小罐呈"井"字排列，在腹部捏泥令它们相连，中心放一个更小的罐。这些罐都有盖，盖顶有双股桥形纽，盖面饰斜向篦纹，罐身扁圆，腹部一侧有横向双股桥形纽，肩腹部饰密集弦纹，四个罐皆平底，罐底各有一短足。罐体宽20 cm，高9.7 cm。

在西汉墓中，联罐一般放在墓室后部，有的内存有李核，有的放有一层一层的植物叶，说明它们是用来装果品和饮品的。因为联罐小巧，有人认为它是盛放油、盐、酱、醋这些调料品的，但未发现实据。

11. 陶瓿

战国时期陶瓿在西瓯地区已经出现，平乐县银山岭战国墓、岑溪糯垌花果山战国墓都有出土。西汉前期陶瓿仍很流行，有的留有刻划的符号。

本书图录部分收录了4件陶瓿。

象鼻纽弦纹瓿（第120—121页），敛口，扁圆腹，圆底，肩原有二只兽首衔环纽，现环已失。肩部饰细网纹，上下腹部饰密集弦纹，中部印曲折纹。口径12 cm，腹径21.8 cm，高10.6 cm。

象鼻纽刻文瓿（第122页），也是敛口，扁圆腹，肩有象鼻纽，小平底。肩部斜排锥刺篦纹，腹上部饰垂直水波纹，中部压印斜排绳纹，下部饰密集弦纹，近底光素，有个 W 形刻划符号。口径 9.9 cm，腹径 20.7 cm。

小口象鼻纽波纹瓿（第 123 页），小口，广肩，扁腹，肩附一对象鼻纽，在弦纹之间饰垂直水波纹。

带盖象鼻纽水波纹瓿（第 124 页），饼形抓手盖，肩附一对象鼻纽，弦纹间有波纹。

关于瓿，《说文解字》曰："瓿，甂也。"该书释"甂"则说："甂，似小瓿，大口而卑，用食。"小口，大腹，是其常态。《说文》另外的解释为"罌，缶也""缶，瓦器。所以盛酒浆，秦人鼓之以节歌"。因为它大腹小口，翻转过来敲打，声音很好听，可以奏乐。战国时代关中的秦人"击瓮扣缶"是有名的。《史记·廉颇蔺相如列传》记载：周赧王三十六年（公元前 279 年），秦昭襄王和赵惠王相会于渑池。在筵席上，秦王假装酒醉，戏弄赵王。秦王说："我听说赵王喜欢弹瑟，趁着酒兴，不妨弹奏一曲？"赵王害怕秦王，虽不乐意，仍得遵命，勉强弹奏应付。秦国的史官赶紧上前，把这件事写入史册："某年某月某日，秦王和赵王在一起饮酒，秦王令赵王弹瑟。"与赵王一起赴宴的赵相蔺相如气恼不过，站起来对秦王说："赵王听说秦王擅长秦国乡土音乐，打酒坛子相当出色，也请秦王敲奏盆瓿，彼此快乐快乐。"秦王放不下架子，不从。蔺相如却抱着一个瓿冲到秦王的面前，递了上去，说："你如果不肯动手，在这五步之内，我就以颈血溅洒到你身上，和你拼了。"秦王迫于无奈，只好随便在瓿上敲了一下。蔺相如马上将赵国的史官叫来，嘱咐他在史册上记下"某年某月某日，秦王为赵王击瓿"。为赵国挽回了面子。

12. 陶簋

簋是中国上古食器，用以盛黍、稷、稻、粱等食物。原是青铜器，盛行于商周时期，一般为圆腹，侈口，圈足。考古发现的商周铜簋往往与铜鼎成组相配，作为贵族身份等级的标志性礼器。

汉代陶簋则不然，实际上是一种带盖的大碗，同战国时期南方楚地流行的陶盒有诸多相似之处。陶盒是上下两个碗互相扣合，广口，高沿，圆鼓腹，圈足。陶簋也有盖，有子母口，与器身上下合盖。但是，在器身与器盖相接处，围绕口沿附加一圈高领，在领上和圈足上都排满镂孔。把这种陶器称为簋，是考古学界约定俗成的名称。陶簋在中原地区未见，是汉代岭南地区新出现的一种盛食器，是西汉后期开始出现的新器形。汉代陶簋有两种形制：一种体形较大，广口、高唇、深腹、圈足，器腹上部与唇相连，或稍有分界，或不分界，镂空圈足，盖作漫圆形，盖顶或模贴四叶纹，或平素，中央有乳突，器盖上部有对称的两个小孔以便穿绳提拿。另一种形制在器腹上部收束，腹与唇有明显分界，器身稍矮，器底有不镂空的矮圈足，盖顶有突起的桥型纽。

本书图录部分收入 5 件陶簋。

盒形簋（第 125 页），盖身扣合，盖顶有桥纽，垂檐刻锯齿纹，器身似碗，深腹圈足。口径 21.4 cm，高 17.3 cm。

羽状叶脉纹簋（第 126—127 页），碗形盖，顶中有大的饼形抓手，盖面斜排锥刺篦点纹，高领扎二行圆孔，圆孔间镂条形孔相连，平面饰叶脉纹，器身刻鳞形锦纹。口径 25.2 cm，高 19.6 cm。

羽状纹铺首碗形簋（第 128—129 页），盖器扣合，盖顶是桥形组含活动圆环。顶面饰鳞形锦纹，身如大碗，光素无纹，下腹有铺首衔环一对，矮圈足。口径 22.8 cm，高 20 cm。

羽状纹镂圆孔簋（第 130 页上图），盖正中有圆台，中心有桥形纽，盖面刻鳞形纹，领高竿，扎二层圆孔，腹部刻划弦纹，中部有对穿孔。口径 21.4 cm，高 17.3 cm。

方格水波纹簋（第 130 页下图），盖微隆，顶有桥形纽，含活动圆环，盖面刻弧形网纹和鳞形锦纹。领高竿，扎有二圈小圆孔。腹圆鼓，上部刻水波纹，中部刻划菱形网格纹，下部素面，低圈足。口径 25.8 cm，高 24.8 cm。

这些陶簋都是东汉时期的。陶簋在汉墓中常同温酒樽、壶、盒等饮食器放在一起。平乐银山岭汉墓的一件陶簋存有薏苡，说明它是一种盛食器。

13. 陶釜

陶釜是炊器，新石器时代就有了，其形制是敛口，圜底，一般置于三脚桩上，或直接放在灶上，用来煮食，是平民百姓常用的炊具，同精贵的钟鼎相比，它是粗朴之物。战国时代楚国爱国诗人屈原在《离骚》中说"黄钟毁弃，瓦釜雷鸣"，意思是把本来是庙堂上的铜钟丢弃，拿那些炊煮用的陶釜来当祭祀乐器敲打，比喻用人准则的颠倒。同时也说明，炊具陶釜也可当乐器使用。

本书图录部分收录 3 件陶釜。

带盖直领釜（第131页上图），平口，直颈，下折外弧成肩，腹中部内折，收为平底。釉陶，酱黄色，无纹，腹径16.5 cm，高10.5 cm。

直领折腰釜（第131页下图），平口，直颈，下折外弧成肩，腹中部内折，收为平底。釉陶，酱黄色，无纹。腹径10.9 cm，高8.3 cm。

直口双耳釜（第132页），平口，直颈，下折外弧成肩，腹中部内折，收为平底。肩部有双耳，器表无纹，腹径宽9 cm，高6.7 cm。

14. 酒樽

酒樽是汉代最主要的盛酒器，以前考古报告把它称为"奁"。山西右玉出土了一件这样的铜器，口沿上有铭文"中陵胡傅铜温酒樽，重廿四斤，河平三年造"，证明此类铜器名为"温酒樽"。樽下附三足，形成一个空间，以加炭火。陶酒樽的形态是穹隆顶盖，子母口，圆筒身，腹壁垂直，平底，附三足。盖顶中心有圆纽衔环，纽外饰四叶纹，有的另饰三只动物塑像，有的顶立飞鸟塑像。腹两侧有铺首衔环，足为人形或兽形。

本书图录部分收录了8件陶酒樽。

笠盖蹄足樽（第133页），笠形盖，中心桥形纽衔活动圆环，外围施三乳突，坡面刻划鳞形锦纹，器身直筒形上端稍窄，两侧各有一个活动圆环，器表上层刻划水波纹，中层刻划菱形纹，下层光素，平底，下附三蹄足。口径15.7 cm，高22.8 cm。

三羊纽盖矮足樽（第134—135页），盖顶中心环纽，围以三只逆时针卧羊纽，短筒身，盖面刻划鱼鳞锦纹，上腹部刻划菱形交叉纹。

铺首弦纹樽（第136页上图），盖面隆起，顶面正中饰一乳突，环周又饰三乳突，直筒身，有二道双弦纹，饰铺首衔环，平底，下附三蹄足。口径17.3 cm，高22 cm。

铺首熊兽足樽（第136页下图），盖面隆起，顶正中有半环纽，四周沿环列三小环，顶面构成一个平台，刻划柿蒂纹，斜面刻划鳞形锦纹，腰部有一对铺首衔环，平底，附三只蹲着的兽塑像。口径17.3 cm，高19.5 cm。

三羊纽盖蹄足樽（第137页），浅钵盖，盖顶中央有圆突，环周饰三只跪羊，两只顺时针，一只逆时针，直腹微鼓，贴塑一对铺首衔环，平底，下附三蹄足。盖顶刻划弧线交叉网纹，腹下部刻划莲瓣锦纹。口径17.8 cm，高20.2 cm。

柿蒂纹盖铺首卧兽足樽（第138页），盖顶环纽，围以三乳丁纽，腹侧有铺首衔环一对，底附三只卧兽足。盖面中心刻划柿蒂纹，边缘刻划鳞形纹。器身亦刻鳞形纹。

天鸡顶盖铺首熊足樽（第139页），盖顶立一展翅天鸡，盖面刻划锯齿纹，器身有铺首衔环，刻划菱形纹，底附三熊形足。

刻划纹熊足樽（第140页），青釉，盖失，直筒身，上窄下宽，上腹有一对铺首衔环，刻划波浪纹，腹中部刻划菱形网纹，平底，下附三熊足，熊作蹲坐扛樽状。口径18 cm，高15 cm。

汉代苏武有诗曰："我有一樽酒，欲以赠远人。愿子留斟酌，叙此平生亲。"唐李白诗有"莫使金樽空对月"句。《前有一樽酒行》中有"春风东来忽相过，金樽渌酒生微波"。所谓"金樽"就是铜樽。陶酒樽是铜酒樽的仿制品，盛酒、温酒之器。

15. 陶魁

魁是汉代盛羹用具。《说文解字·斗部》："魁，羹斗也。"古器物学界长期将魁与勺或匜混同。王振铎的《论汉代饮食器中的卮和魁》作了认真考证，认为汉代的魁是一种形似匜、宽腹平底、有柄的盛羹器，在民间使用的魁多用木料制造，在权贵中使用的魁则多用铜或漆制造，或有龙柄的装饰。汉代陶魁的口径一般为18 cm左右，比勺要大，形态是：口微敞，腹深而底平或有圈足，可置案上；一侧有柄，便于握持。勺是圜底，不能平置；勺柄长，魁柄短，装柄角度也不同，只宜提取，不便挹注；匜有流，魁无流。东汉武氏祠画像中刻画了邢渠哺父的故事，邢渠右手所执就是魁。合浦望牛岭汉墓出土的铜龙首魁，装饰了精致的錾刻花纹。

本书图录部分收录8件陶魁，我们来赏析其中的5件。

龙首柄束颈魁（第141页下图），折腰钵形，平底，假圈足，柄从肩部斜出。器长20 cm，高7.5 cm。口径14.4 cm，高6.8 cm。

圆柄束颈魁（第142页中图），平口，束颈，深腹，小平底，圆棍柄，在颈部略向上扬。口径14.7 cm，高6.8 cm。

龙首柄深腹魁（第142页下图），直口，深腹，平底，假圈足，柄从口沿上伸出，似龙昂首向天，龙头的口、鼻、眼都很突出。口径16.2 cm，高8.4 cm。

龙头短柄魁（第143页），深钵式，敞口，圆唇，直腹，上部收束，下部近底处弧收成假圈足，柄为龙头，直接从腹部一侧伸出，相当粗壮。口径14.4 cm，高 6.4 cm。

鸟形深腹平底魁（第 144 页上图），深腹碗形，平口，小平底。塑一鸟头贴在口沿外壁，尖嘴，圆头，圆眼，而在另一侧塑出鸟尾作为短柄，与之对应。

16. 陶杯

杯，《说文解字》中作"桮"字，"桮，䰛也，从木，否声"。又说："䰛，小桮也。"杯是盛饮料的器具。《史记·项羽本纪》记载，项羽设鸿门宴，想杀他的对手刘邦，却不想被刘邦的卫士樊哙搅了局。刘邦借口上茅厕，乘机溜走。在他脱离危险之后，谋臣张良对项羽说："沛公不胜桮杓，不能辞。"借口刘邦"不胜桮杓"，用现在的话来说是"不胜酒力"，不辞而别。其中的"桮杓"是当时宴席上的两种酒器，杓是注酒器，桮是饮酒器。酒是味美的饮料，自古多情"杯中物"。唐代诗人王维的"劝君更尽一杯酒"脍炙人口，成为朋友相聚常用的劝酒辞令。李白诗《襄阳歌》："鸬鹚杓、鹦鹉杯，百年三万六千日，一日须倾三百杯。"汉代酒杯除羽觞耳杯之外，也有筒形杯。陶杯的基本形态是：筒形腹，一侧有耳，有的上有盖，底有三足。

本书图录部分收录 10 件陶杯，我们来欣赏其中 5 件。

桥纽浅盖錾耳杯（第 148 页中图），浅盖，矮身，平底，Q 形錾耳，腹部有二道密集弦纹。口径 10.6 cm，高 10.8 cm。

碟盖单耳三足杯（第 148 页下图），盖面中心一乳凸，其外围等距离四乳凸，耳呈人耳形，三足为乳足。口径 10 cm，高 9.5 cm。

勾柄饼足杯（第 150 页上图），盖顶分二层，顶中有桥形纽，柄如勾，假圈足。口径 12.2 cm，高 12.4 cm。

蛇形柄刻划纹杯（第 150 页下图），平口，矮身，小平底，腹侧附蛇形柄。口径 12.3 cm，高 8.1 cm。

直柄三足划纹杯（第 152 页上图），盖面三层，顶中为桥形纽，腹部刻划菱形纹。口径 10 cm，高 11.7 cm。

17. 陶卮

《说文解字》曰："卮，圜器也。一名觛。所以节饮食。""觛，小觯也。"又说："觯，乡饮酒角也。"《礼》曰："一人洗，举觯，觯受四升。"卮是汉代常用的饮器，一般平口，深腹，平底，圈足，一侧有单环耳。早期的卮接近现代圆筒形杯。王充《论衡·自纪篇》中有"盆盎酌卮",这里的"卮"是小型饮器。在鸿门宴上,项羽向闯进来的樊哙赐以"斗卮酒",樊哙"立而饮之"。"斗卮"应是较大的卮。汉代的漆卮画有精美图案花纹,颇为美观。

本书图录部分收录3件陶卮,我们来欣赏其中2件。

单柄鸟饰卮(第153页),杯形,矮平足,卷筒扁平柄,与柄相对的一侧饰一鸟塑像,鸟头在上,胸向前挺,双翅平展,双足蹬在杯下腹与底座间,生动怪异。口径6.5 cm,高9.6 cm。

长扁柄鸟饰卮(第154页),圆筒深腹杯,一侧平伸出扁平方条柄,柄面刻划鸟羽,似为鸟尾,靠杯身处有片纽下折,形成手持方孔,与柄相对的前方,贴塑鸟身,鸟头在上,鸟胸前挺,双翅外张,翅端勾成卷云形,口径7.2 cm,高6.2 cm。类似鸟饰卮在兴安石马坪汉墓也曾出土过。

18. 勺斗

提酒器,长柄为斗,短柄为勺。《史记·张仪列传》载:"令工人作为金斗,长其尾。"最普通的挹酒浆之器为瓢,将葫芦剖成两瓣即成。所以有的挹酒勺会做成瓢形,为方便把握,再加以柄。

本书图录部分收录陶勺3件,其中2件的情况如下。

龙首勺(第155页上图),半球形,敞口,圆腹,圜底,一侧伸出龙首柄。柄端龙首口、舌、鼻、眼形象生动。长17.6 cm,高6.9 cm。

圆斗勺(第155页下图),球形,小圆口,一侧出圆棍形长柄,柄的形状像男性的生殖器。表面刻划纹饰,用双弦纹分成四节,最上一节为双线交叉纹,二、三、四节皆为双线三角纹,头端圆鼓似龟头。长24.5 cm,高6.2 cm。

19. 鐎壶

鐎壶是温酒器。底下有三足,腹侧有柄、有流,有的考古报告称为"盉",汉代铜器自铭为"鐎",因而又叫鐎斗。陶鐎壶是仿铜鐎壶的陶制品,盛行于汉晋。

鐎壶的主体形制似壶,直口,粗颈,扁圆腹。与壶不同的是,其肩部一侧有柄,平底下有三足,可以生火加温。

本书图录部分收入5件陶鐎壶,我们赏析其中4件。

浅盖袋腹刻划锦纹鐎壶(第156页),扁薄盖,盖顶饰凹形片纽,器体呈壶形，短颈，圆腹，肩部一侧出圆柱柄，平底，下附三直足，腹部有二道弦纹，下腹刻划莲瓣锦纹。通高 24.5 cm。

碟盖长颈水波纹鐎壶（第 157 页），碟形盖，顶中心半环纽，台边饰三颗耳郭形泥饼，高颈，扁圆体，颈部刻划水波纹，上腹部刻划莲瓣纹，腹中部也起宽檐，檐面刻划三角纹，一侧出扁圆柄，柄稍上翘，刻划菱形纹，底略圆，附三棱形足。檐宽 2 cm，通高 24 cm。

浅盖圆腹龙首柄鐎壶（第 158 页），顶有桥形纽，盖面起棱，形成四层阶，素面，粗颈，圆腹，圜底，下附三足，肩膀一侧置龙首柄，除腹部有二道弦纹外，其余各处均素面无纹。

长颈扁柄三角齿纹鐎壶（第 159 页），褐釉陶质，帽形盖，顶置环纽衔圆环，坡面饰斜刺篦纹，喇叭颈，素面，腹中部突出宽檐，刻划三角齿纹，一侧出方形长条柄，平底，下附三只扁棱形足，腰檐宽径 27 cm，通高 26.2 cm。

鐎斗进一步简化就是刁斗。铜刁斗"昼炊饭食，夜持击行"，是一种炊器，其容量在一斗左右，刚好够一个士兵使用。底部可用木柴加热烧煮食物，柄用来把握和挪动。《急就篇》颜注黄太史笺释："鐎，刁斗也，温器，三足。"《一切经音义》卷十五引声类有"鐎，温器也，有柄，即刁斗也"。东汉许慎《说文解字》释："鐎，鐎斗也。从金，焦声。"《史记·李将军列传》有"不击刁斗以自卫"。裴骃《史记集解》引孟康语曰："以铜作鐎，受一斗，昼炊饭食，夜持击行，名曰刁斗。"贵港深钉岭 12 号墓发现鐎斗与鼎、釜、勺、碗、盘等炊器和食器同出。

汉代人很重视鐎壶，在贵港汉墓出土一件铜鐎壶的柄上刻"翟氏"二字，当为翟氏所有。1985 年 6 月在合浦县风门岭 5 号西汉晚期同坟异穴夫妻合葬墓中出土一件铜鐎壶，肩部横刻"西于"二字。（图 10）西于是个地名。《汉书·地理志》载，汉代有西于县，西于县属交趾郡，在今越南北部地区。

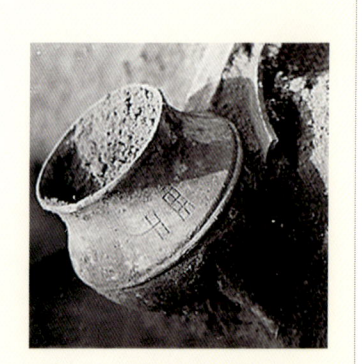

图 10　合浦风门岭出土"西于"铭铜鐎壶

20. 熏炉

熏炉是广西汉墓最常见的随葬器物之一，西汉中期以后出土渐多，东汉时尤为普遍。陶熏炉分两种：一种是豆形，盖面镂空的气孔是几何图形；一种是炉体下带托盘，盖面气孔除少数仍作几何图形外，主要是花蕾型。豆形熏炉按炉柄的式样又分三种，一种柄部作圆柱形，较高，盖顶有鸟形纽或绞索形纽；第二种柄作方柱形，较短，腹径较大；第三种器形如豆，盖顶有平圆立纽。广西陶熏炉与中原汉墓出土的博山炉功能相似，但造型有所区别。博山炉的炉盖多为连峰形，盖面起伏如山峰层叠，熏炉的盖则是覆钵形，坡面虽扎有通气孔和莲瓣，但无起伏之状。

本书图录部分收录9件陶熏炉，分两种器形。一种豆形，盖为半球形，顶出尖锥，盖面扎小圆孔，刻出莲瓣，瓣尖上翘，瓣与瓣之间刻镂条形孔。深腹，喇叭形足，没有承盘。另一种是炉底足连承盘，如刻画纹熏炉，较矮胖，穹隆盖刻划弦纹，分二层扎透气圆孔，并刻莲瓣翘起，加大透气窗。下承浅钵，足与钵连成一体。

我们来欣赏其中的几件：

> 天鸡纽盖熏炉（第162页），穹隆顶深盖，盖面刻划三道双弦纹，上部分三层扎圆孔，第二层刻出弧形瓣，下层刻划锯齿纹，炉身浅腹内斜，刻划三角形锯齿纹，足肥壮空心。有趣的是，盖纽是手捏飞鸟，鸟头向上，双翅合抱，尾羽上翘，双脚后曳，贴在盖面，整体非常美观。口径12 cm，高20.8 cm。

> 花纽深承盘熏炉（第163页），盖顶卷云饰，像一人操着双手站立。盖面扎二道透气圆孔，第二道还刻透弧线、剔出长条孔，下承深腹钵。

> 卷云花纽盖钵形承盘熏炉（第164页下图），顶饰卷云，盖面二层镂孔，上层镂莲瓣，下层镂条形孔，空间刻叶脉纹，浅腹高足，足与承盘相连。

> 镂空莲瓣钵形承盘熏炉（第165页上图），半球状盖，顶为圆锥，盖面刻划两层莲瓣，莲瓣翘起，为透气孔，莲瓣内外刻划叶脉纹。矮足，下与承盘相连。

熏炉又称宝鸭，古有诗曰："宝鸭焚兰烬，金猊喷麝煤。"香炉熏香在中国有悠久历史，春秋战国时期，人们已开始利用香草驱除蚊虫、熏染衣物、净化室内空气。《周礼·秋官·司寇第五》曰："翦氏掌除蠹物，以攻禜攻之，以莽草熏之，凡庶蛊之事。"中国古代使用的香料是草本类本土香料和树脂类外来香料。西汉中期以后，丝绸之路开通，域外香料逐步输入中国。使用树脂类香料，在熏炉中会留下黑炭或灰烬。长沙马王堆出土过彩绘熏炉，炉内装有高良姜、茅香、藁本和辛夷等香料。《唐本草》说，茅香有"避邪气，令人香"的功能。

陶熏炉是铜熏炉的仿制品，是当时贵族家庭用来燃熏香料的，造型优美，装饰精细，既是陪葬品，也可供实用。汉代有古诗曰："朱火然其中，青烟扬其间。从风入君怀，四坐莫不欢。香风难久居，空令蕙草残。"焚香可以使心宁静，"细袖添香读闲书"是文人雅士的悠闲享受。在合浦、贵港、梧州、贺州、昭平、平乐、兴安等地的汉墓都有发现陶熏炉，燃熏进口香料是上层贵族的奢靡表现，与汉代海上丝绸之路繁荣有关。

21. 提桶

陶提桶是仿铜提桶的盛器。从西汉前期至东汉在广西一直都有，在西汉后期墓中发现最多。最常见的形制为长圆筒形，器腹附两个或四个半环形耳，上有与器身吻合的平圆器盖，下为平底，一般无足，个别底附乳纽状短足。合浦、贵港汉墓都有出土。早期提桶，平底，无盖，腹上部两边各有一对筒形贯耳，饰方格纹和刻划符号。晚期提桶，子口，有盖相扣，合盖，矮圈足，圈足有一对穿孔，腹两侧贴单个桥形贯耳，盖面隆起，有凹形片纽。盖面饰篦纹和弦纹，腹部饰弦纹。系桶绳索从底部穿过圈足孔，往上穿过腹部贯耳，到盖顶与凹纽相接，将器与盖更加结合紧密，并可提携，设计很周到，个别提桶内还有文字。本书图录部分收录2件陶提桶。

双耳铺首衔环提桶（第168页），缺盖，直筒身，两侧各有一只横向桥形耳，相对应的另两侧各有一只铺首衔环装饰，铺首为浅浮雕，环已失。全身光素，只有二道弦纹。口径 20.4 cm，高 20 cm。

片纽盖双耳提桶（第169页），覆盘盖，盖面微隆，盖顶有凹形片纽，直筒身，两侧各有一只横向半环耳，通身光素，仅在中部划出弦纹。口径 12 cm，高 16.6 cm。

合浦望牛岭汉墓出土一对陶提桶，内壁有朱书"九真府"等文字，说明是九真府用器。（图11）"九真"一名最早见于《汉书·地理志》，是汉武帝元鼎六年（公元前111年）平定南越之后，在岭南调整郡县建制，所设立九郡之中的一个郡，其地理位置在今越南清化、乂安、河静一带。合浦文昌塔汉墓出土陶提筒有一件在盖面上朱书"小豆一石"，另一件盖面上朱书"□米一石"，合浦公务员小区三国时代墓出土一件书"小豆千石"。豆和米都是粮食，说明这种陶桶是贮存粮食的。广州龙生岗一座东汉大型木椁墓中出土的一件陶提桶内保存有高粱残壳，陶桶盖内墨书"藏酒十石令兴寿至三百岁"11字。高粱也是粮食，可以酿酒，可知此陶桶原是藏粮、盛酒之器。

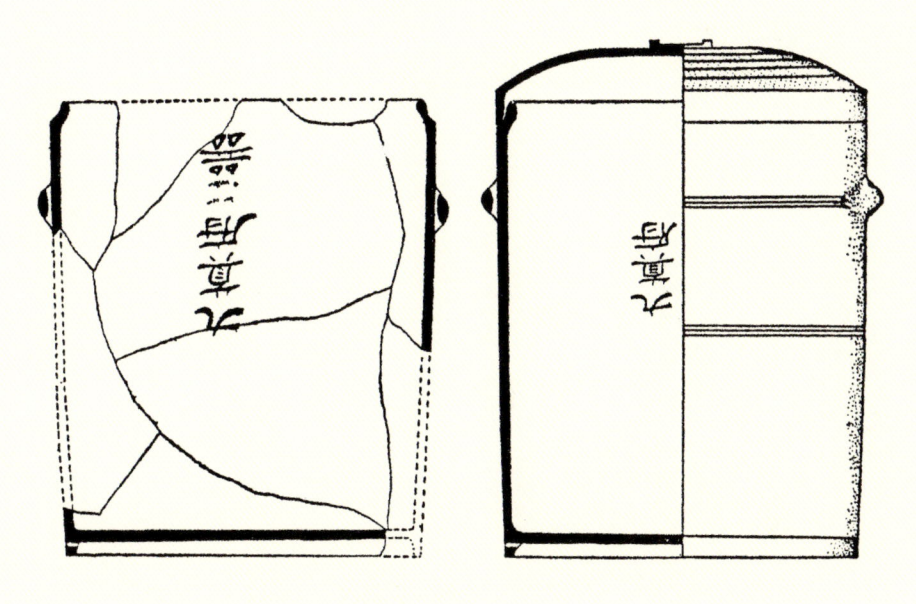

图 11 合浦望牛岭"九真府"款陶桶（文字）

22. 台灯

汉代陶灯品种多样，而且都是实用器。在平乐、昭平、贺州、梧州、贵港、合浦等地西汉晚期到东汉时期的墓葬中都有出土，大多是豆形灯。豆形灯是从盛食器的豆转化而来的，《尔雅·释器》曰："木豆谓之豆，竹豆谓之笾，瓦豆谓之登（灯）。"灯上有盘，盘心有支钉形的火主，即插钎，灯炷也叫烛。古时供燃的灯油最初是膏，是动物脂肪熬成的油脂。《楚辞·招魂》写道："兰膏明烛，华灯错些。"膏中掺入香料，点燃时散发出芳香。桓谭《新论·祛蔽篇》说："余后与刘伯师夜燃脂火坐语，灯中脂索，而炷燋秃，将灭息。……伯师曰：'灯烛尽，当益其脂，易其烛……'余应曰：'人既禀形体而立，犹彼持灯一烛……恶则绝伤，犹火之随脂烛多少长短为迟速矣。'"豆形灯的灯盘很浅，灯把做成细长葫芦形，底座像倒转的喇叭，便于秉持移动，是一般老百姓使用的、最普及的灯具。

本书图录部分收录2件陶灯。

一件是镂孔喇叭形座灯（第170页）。灯盘为浅钵形，圆口，斜圆腹，小平底。灯座呈喇叭形，上细下粗，中心空，外表饰刻划纹，分五节，第一节是三角形内叶脉纹，第二节垂直镂空八条，分割成八瓣，每瓣均饰叶脉纹；第三节与第二节相同，镂孔错开，叶片较宽，也饰叶脉纹；第四节镂空呈菱形；第五节未镂空，表面划成十六片，每片都饰叶脉纹。全器通高23 cm，盘口径

11cm，座底径 11.5 cm。

一件是法轮式座灯（第171页左下图）。灯盘平口，斜腹，平底，灯座呈塔形，上部是五道圆轮，底座为扁圆柱。陶质细腻，器表柔和圆润。通高22 cm，座底径 13 cm。

类似陶灯在昭平北陀东汉墓也出土过。一件是镂空座陶灯，当时不识，说是"镂空器"，但明确"顶如灯盘"，器身圆筒形，中空，周围镂孔，上部镂三角形孔18个，下部镂长方形孔12个。另一件是镂空葫芦形陶灯，当时误以为熏炉，盘为圆口，底座为葫芦形，中空，镂成七瓣覆莲，每一花叶顶部镂一小圆孔，环绕颈部镂五个小圆孔。平乐二塘灯火岭东汉墓出土的镂孔座陶灯也较类似，底座呈圆筒形，周围镂孔，灯座上细下粗。这类陶灯，座较粗大，增加了灯的稳定，而座壁镂孔则又减轻了器体重量。

23. 陶案

汉代，人席地而坐，摆在面前放置东西的物件只有矮脚的几案。其中摆放食物的案称为食案。有钱人被称为"垂拱持案食者"（《盐铁论》）。就质料而言，食案有铜案、漆案、木案之分。就形制而言，有方形的，也有圆形的。铜案、漆案装饰华丽，都是高档的餐具。

方形铜食案案面呈长方形，四周有矮沿，下面装四足，案面上置盘、杯、碗、箸等食具。梧州市望步东汉墓出土一件，底有四足榫眼，原装有短足，口沿外折，沿上刻勾连S纹。案内纹饰分内外两区，内区正中刻一鼎，鼎内有鱼，鼎口溢出水花，左右各有一条面向鼎而舞的龙，龙的上下又各有一条鱼；外区刻龙、凤异兽，四角各有一枝花树，围绕这些图案的是水波纹、菱形回纹、勾连S纹构成的纹带。（图12）圆形铜食案又称承盘，在合浦、贵港、梧州各处汉墓都有出土。在合浦北插江盐堆汉墓出土的一件，錾刻花纹分内外两区，盘中心刻四叶纹，四叶间刻一对舞凤，一对奔鹿。凤翅上方还有一龟，外区以四枝花树隔为四块，左右两块对称的双凤对舞，与之相对应的另两块，一块刻两头奔鹿，一前一后，回首奔跳；另一块是前身立起，相对怒吼的一对虎豹，虎豹的颈似有链拴住，虎豹的脚下还有一只小的奔鹿，充满神话色彩。

本书图录部分仅收录1件陶案。

四足案（第171页上图），案面呈长方形，两端边框稍微隆起，以防止承

图12　梧州錾刻花纹铜案

载物滑出，底下附四只矮足，是仿铜案或漆案的明器。长22 cm，宽12.5 cm，高6 cm。《后汉书·梁鸿传》载，东汉梁鸿的妻子孟光用食案为丈夫递送饭菜时，不好意思正视，将食案举到与眉毛一样高的地方。后来形容夫妻互敬互爱就用"举案齐眉"这个典故。孟光举的食案应是铜案或漆案，比较轻薄，摆上碗、筷等食具仍可轻松端得起来。

24. 陶埙

埙是古代吹奏乐器，晋人郭璞《尔雅注》曰："埙，烧土为之，大如鹅子，锐上平底，形如秤锤。"原写作"壎"，《诗经·小雅·何人斯》曰："伯氏吹壎，仲氏吹篪。"《毛传》："土曰壎，竹曰篪。"《释名·释乐器》："埙，喧也，声浊，喧喧然也。篪，啼也，声从孔出，如婴儿啼声也。"

本书图录部分仅收录1件陶埙。

单孔埙（第171页右下图），鸭蛋形，小圆孔，即吹奏孔。两侧附桥形纽，可供捧持；底附乳状足，便于放置。通身敷青黄釉，腹宽5 cm，通高5.5 cm。

（二）模型明器

汉代厚葬之风盛行，对于亡故之人，器用如生人，日常生活用品可以随死者埋进坟墓，但房屋建筑、使唤的侍者和奴仆、活着的动物，不能放进坟墓，只能做成各种模型和仿生标本，这就出现了陶制明器。关于"明器"，孔子说："竹不成用，瓦不成味，木不成斫，琴瑟张而不平，竽笙备而不和，有钟磬而无簨虡。其曰明器，神明之也。"又说："为明器者，知丧道矣，备物而不可用也。哀哉，死者而用生者之器也！不殆于用殉乎哉？其曰明器，神明之也。涂车、刍灵，自古有之，明器之道也。"（《礼记·檀弓》）仿礼器的陶器，是仿生活日用器，用于随葬以表达丧葬观念。在视死如视生的汉代，墓葬内的随葬器物成为表达人死后另一空间和时间中的物质存在形式。

汉代陶制明器有两大类，一类是模仿现实生活中的建筑及居室场景，即屋、仓、井、灶；另一类是陶俑，陶塑各种人物形象和各种动物模型。除了鸡、鸭、鹅、猪、狗、牛、羊等家禽家畜，还有各式各样的人物。

广西地处热带和亚热带，气候温和，雨水充沛，温差较小，湿度较大。根据这样的自然环境和气候特点，古人用竹木创造了干栏式民居建筑。这种建筑从新石器时代起，一直延续下来。

1. 房屋

房屋是汉墓出土模型明器的大宗。广西境内的汉墓中已发现近百件，主要集中在梧州、贵港、合浦、兴安、平乐、贺州、钟山、昭平等县市。按照建筑形式可分为单体型、曲尺型、三合型、楼阁型、城堡型5类。

（1）单体型

单体型是单家独屋，只有一间，平置地上，平面呈长方形，屋顶为悬山顶，五脊两坡，即一条正脊和四条垂脊，屋檐悬伸，挑在山墙之外，故名悬山顶，或称挑山顶。大门设在面墙正中或偏靠一侧，门的一侧或两侧镂刻菱形格或直棂式窗。有的将主体建筑悬空架起，成为干栏。

单层平屋，直接平置于地面。如贵港新村13号墓出土的一件，没有底座，平面呈长方形，分前后两进，前为走廊，中间开门，左有方格窗，右有菱形窗和直棂窗；后为正屋，前墙正中开一门，两侧墙上有对称镂空窗，外墙刻划梁、柱、斗拱。又如梧州市郊的一件，前为横长方形廊，正中开门，左右两边为镂空菱格式窗；正屋中有一门，前堂有一俑跽坐。

干栏陶屋是最先出现的建筑模型之一。干栏又称麻栏、高栏、葛栏。其结构一般是指房屋建于平台之上，其下以木柱构成底架，将房屋底面托起。上层为开有窗穴的楼居，正面有楼梯通到地面，上层住人，下层圈养牲畜。干栏式建筑的产生与南方气候温暖潮湿和毒虫野兽繁多有关，将主体建筑悬空架起，既能通风防潮，也能防御毒虫野兽的袭击。汉墓所见陶屋底层都较高，可以容纳家畜和杂物，上层平面为横长方形，两坡悬山顶，门开在正面墙壁，门前设有楼梯供人上下。下层四周用矮墙相围，构成一个方形基座。墙头有瓦檐遮护，墙间开一个方形或 Ω 形狗窦，以便牲畜进出。干栏式也叫栅居式，是越人从原始时代起就开始通行的民居形式。西汉中期墓出现各式干栏式屋，说明这种适应广西气候特点的建筑形式在西汉时期仍然盛行。

本书图录部分收录 2 件单体型陶屋。

  单体带圈陶屋（第 173 页），屋与干栏整体烧制。屋为悬山顶，一字脊人字形两面坡瓦面，门开在干栏上，需借助楼梯才能进屋。门柱上有斗拱，下有柱础，使门框成为亚字形，门右墙刻划菱形纹，左墙镂直棂格，刻划叶脉纹。后墙也开门，可借助楼梯下到畜栏。畜栏围墙也刻直棂格，并镂出橄榄形窗。长 34.6 cm，高 23.2 cm。

  分体带圈干栏屋（第 175 页），屋与干栏底座分离，正屋坐落在干栏方框上，下面形成畜圈。屋是悬山顶，一脊两面坡瓦垅，门在干栏上，需架梯才能进屋，墙壁刻划菱形填线纹，说明原建筑是用竹笪制作，山墙立柱直顶屋脊，可以看到斗拱结构。干栏围墙镂菱形花格。正面墙正中开壶形门，有棂窗，悬挂山顶。畜圈门墙刻划菱形纹，左山墙相同，后墙开长方形窗。围墙上覆瓦，有脊，悬山顶，围墙上镂条形孔，开圆形狗窦。栏内有猪 6 头，昂头向上，等待喂食。长 31.3 cm，高 29.3 cm。

（2）曲尺型

曲尺型由单体型演进而来，把两栋单体的长方形悬山顶房屋呈曲尺形连接，再把相对应的两面用矮墙围合起来，构成一个饲养禽畜的后院，成为露天猪圈，整个房屋占地面积成为方形或长方形。也有的将后院围成扇形。屋内后侧设有厕所，一般高离地面，有的还设有梯级。屋内都有杵舂、筛簸谷米的陶俑。这种陶屋在西汉后期和东汉前期墓多有发现，是西汉晚期至东汉后期广西民居最普遍的建筑形式。东汉后期墓的曲尺式陶屋屋顶分高低脊，高的正屋与低的廊屋组合。

曲尺型屋又分两屋无圈和两屋一圈两种形式。

两屋无圈式，即在主屋一侧向后延伸出一间廊屋作为厕所。如贵港新汽车路42号东汉墓出土的一件，悬山式瓦顶，脊上堆贴两个长方形泥块，应是压脊砖。后屋比前屋低矮，前屋正中开设一门，门内右侧有扉；门左边上端镂空对称三角形花窗，下端为直棂窗；门右边上端划菱形格纹，下镂直棂。前屋、后屋的后墙皆镂直棂窗，四壁皆划仿木构架纹。

两屋一圈式，两座长方形悬山顶平房呈曲尺式连接后，再用矮墙围合，构成一个圈养牲畜的后院。

这种房屋又分两类，一类两屋屋脊等高，另一类两屋的屋脊高低不等，主屋位于前，屋脊较高，廊屋在后，屋脊稍低，紧接主屋的后檐；曲尺型房屋一般大门开在正面，也有正、侧两面都开门的。墙面刻划柱、枋、权手，也有镂空成柱、枋和斗拱以承托屋檐的。如贵港新村汉墓出土的一件，悬山式瓦顶，上划瓦垄。正面墙偏左设门，门右侧镂直棂窗，墙上端镂方窗一周。左墙又另设一门，门左侧镂直棂窗，窗下刻划菱形格纹；门右侧、上端皆划菱形格纹。猪圈墙头上有瓦檐遮护。屋内有四俑，一俑在后门处喂猪，两俑舂米，另一俑簸米。

本书图录部分收录了二屋高低相等、大小相同的陶屋，也有一高一低，大小不同的二座组成的陶屋。我们来欣赏其中几件。

  曲尺型镂孔花墙屋（第176页上图），平面呈曲尺形，前为正屋，高大，悬山顶，人字坡；侧屋矮小，也是悬山顶，人字坡瓦面。屋下面围成圈栏，围墙镂空，现出立柱，柱上有斗拱，下有础，墙面镂空成剪影人像，左右各有一人背靠立柱，双手前推。长38.5 cm，高31.5 cm。

  曲尺型矮墙干栏屋（第176页下图），正屋五脊，瓦檐细密，屋下面用矮墙围成猪圈，栏内有猪，一人在矮墙外向猪添食。正屋后墙开有方形窗口，也可从此处向圈栏投食。墙角开有Ω形狗窦。长26.8 cm，高20.8 cm。

  曲尺型鸟窝干栏屋（第177页上图），两屋等高，前屋门内主人盘腿而坐，前有二人拱手相拜；屋下面围成圈栏，后墙横排短柱，其间开壶形窗，上层封闭，刻划叶脉纹。侧墙下端封闭，开一Ω形狗窦，上端为直棂窗。围墙转角处伏有鸟，围墙与屋墙交接处有一鸟窝，窝中也伏有鸟。围栏内一只猪在进食，一只大猪横卧，旁有五只小猪在吸奶，一只狗将头从狗窦伸出。长 29.1 cm，高 20.5 cm。

曲尺型干栏屋（第 177 页下图），两屋一横一纵，下面围成圈栏。前屋正中开门，左侧墙也开门，门内有一人盘腿而坐。长 20.7 cm，高 16.8 cm。

曲尺型矮围墙屋（第 178 页），正屋高大，侧屋矮小，均悬山顶，后面由矮墙围成栏。长 28.6 cm，高 28.3 cm。

曲尺型饲养干栏屋（第 179 页），等高的二屋脊垂直相交，相交处又覆一屋顶，皆悬山顶，山墙有立柱，顶端两侧镂出三角气孔。正门往内推开，门外立一人，侧屋也向内开门，一只狗朝内，前肢趴在门槛上。侧墙后段也开门，门侧也有人守卫。门内可见二人对坐。两屋后围成圈栏，有人伏在矮墙上向内投食。长 30.7 cm，高 26.5 cm。

曲尺型重檐屋（第 182—183 页），正门门框两边都是立柱，顶端出拱，使门成为凸字形，墙面刻划菱形网格纹。门内有人骑在马背上勒缰而立，旁有侍者捧物相向。转角处砌阁楼，上层有一扇方窗向外推开，有人伏在窗口向外。后围墙一侧为直棂窗，一侧封闭，下开 Ω 形狗窦。长 28 cm，高 35 cm。

（3）三合型

三合型由曲尺型发展而来，由前屋和左右两个厢房构成，形成均衡对称的一堂两室，左右两房之间围成猪圈，从平面而言，也可称为凹字形。当中一栋脊高的为主屋，后接两间对称的为廊屋，左为厕所，右为碓房。这两栋之间用矮墙连接成为院落，即是圈栏。主屋两侧或一侧有走廊设斜梯通后屋，有的在正门前廊设上矮栏杆。这类陶屋主要见于东汉中期的大型砖室墓中。如 1955 年贵县（今贵港）高中工地 4 号墓出土的一件，悬山式瓦顶，平面呈凹字形，由前屋和左右两屋组成，前屋正面设一门，门两侧镂直棂；左、右两屋比前屋低矮，后壁皆镂方窗。左、右墙皆镂孔，左墙根处镂一 Ω 形狗窦，三只羊鱼贯入圈。室内有六俑，其中三俑舂米，二俑簸米，一俑喂猪，猪圈内有一猪进食。（图 13）本书图录部分收录此类陶屋 2 件。

三合型带圈屋（第 184 页），正屋高大，侧屋矮小，侧屋之间砌一堵矮墙，构成猪圈。正屋前开长方形门，门柱顶到屋檐，做出斗拱，左右墙镂直棂格，左侧墙脚开 Ω 形狗窦，正屋左侧增开一门，直通畜圈，一羊登上斜梯向畜圈走去。长 35 cm，高 28.3 cm。

图 13　贵港高中工地 4 号墓出土的三合型陶屋

三合型四层角楼屋（第 185 页），平面呈凹字形，由前屋和左右两屋组成，前屋正面设一门，门两侧镂直棂；左、右两屋比前屋低矮，主屋为横长大屋，其后左右各延伸一间厢房，两厢房间用墙连接，构成内院。前墙正中开长方形大门，门槛较高，左右墙面饰菱形格内戳点纹，整个墙面像是用竹席围成。门上首和墙的上端开一排长条形窗。厢房后墙划成十字格，像是木板墙，柱上端有斗拱。围墙上覆悬山式瓦顶，墙的上端镂直棂窗格，墙下段镂出三个凸字形孔，厢房后墙下段开 Ω 形狗窦。正屋左侧起三层檐高阁，阁为庑殿顶。阁的下层开一方窗。长 30 cm，高 38 cm。

（4）楼阁型

楼阁型房屋，平面呈方形，前屋和左右厢房都是单层结构，后屋为上下两层的楼阁结构。楼阁型陶屋有各种不同的结构形式，有民居，也有望楼之类的军事建筑，是一种高低错落、主次分明、对称均衡的群体结构房屋。楼阁型房屋是汉代广西最好的建筑。根据其结构，有简式与繁式两种，可分为三合院楼阁式和四合院楼阁式。简式的如梧州出土的一件浅黄釉陶屋，前为平房，后为楼阁，楼上有凉台，右边为厢房，中间是天井，大小高低浑然一体。繁式的平面为方形，中间是四阿重檐的二层楼阁，左右各有抱厦一间，前院和后院的两边各有一座小房。如 1957 年贵县（今贵港市）粮食仓库东汉墓出土一件，由前屋、后屋及一侧厢房构成，中央是天井，前屋为人字坡瓦顶，前墙正中设一门，一人持械守卫，左右两侧镂直棂窗。左墙开一狗窦，一狗将头、颈和前肢伸出洞外。右厢房与内隔绝，外墙另辟一门，房内有一人持杵舂米，一狗趴在门边。后屋三开间，底层前后设门，两侧墙上下镂直棂窗，二楼前后也设门，两侧也镂直棂窗，庑殿式瓦顶，屋脊刻有"歹人青□"文字。更为复杂多变的是分前后两排，前排是悬山顶的单层建筑，其明间和右次间纵横组合，后排两层建筑的当中为四阿式上盖的主楼，回廊相绕，中间是进深极小的天井。（图14）如平乐县银山岭汉墓出土的一件四合式庑殿顶重楼，前屋和左右两厢为平房，都是悬山式瓦顶，后间为二层四脊顶楼房。前墙正面开一门，门上方刻划锯齿纹，门柱顶端刻划出斗拱，门两侧为墙壁，上层设直棂窗，中层设菱花窗，下层光素。屋内有一匹马。左厢房外墙封闭，右厢房是碓屋，外墙正中开一门，门上方设直棂窗，门右侧墙刻划菱形纹。厢房内有一人持杵舂臼。天井露顶，有一马夫。后楼底屋向后开一门，门槛两端有双层滚石，门框上端有单手斗拱支撑。楼上右面和后面各开一窗，各有一人扶着窗台伸头外望，窗前露台各有二位戴冠人相向揖拜。四壁都刻划出仿木结构框架纹。右后墙上刻划一匹站立的马。楼房的各层之间有楼梯相连。

本书图录部分仅收录1件。

  楼阁型重楼屋（第186—187页），由三座房屋构成。前面一座悬山顶，脊上塑二鸟对舞，前墙开门，门向内推，门内有一人垂手而立，右侧墙脚开Ω形狗窦，门头镂菱形花窗。左侧一座房屋纵置，也是悬山式人字坡瓦顶，开一门略窄，也往内推，前侧顶部伸出遮檐，形成过道。后座宽大，右边是庑殿顶角楼，中层也有遮檐，四壁镂人字形花窗，后楼底层开敞，内竖有长楼梯，直通楼顶，门边有狗，最高层也是庑殿顶，屋脊上也塑一对相向而舞的鸟，饰直棂窗，板壁压印粗席纹，上层向外推出方形窗板，窗板上画有菱形图案，

图14　贵港粮食仓库汉墓出土楼阁型陶屋

两侧墙上划有二人，一高一矮，皆穿宽袖长裙，高者戴冠，矮者顶髻。角楼墙上也刻划人物，仅见半身，圆脸，双手前拱，背墙正中也向内开门，门的两边墙上也刻划半身人像，似在抚琴。楼内楼外呈现复杂的生活画面。长 29.8 cm，高 32.6 cm。

（5）城堡型

与楼阁型同样复杂的民居是城堡型建筑。城堡由平房组成，比较少见。平面呈方形，四周墙垣围绕，四隅有四阿顶角楼，前后大门位于中轴线上，门上耸立城楼，城楼之下设上下用的楼梯。大门有武士警卫，戒备森严。城堡里面再安置房屋和各种劳作陶俑。

本书图录部分收录 1 件陶制城堡。

四角六楼城堡（第 188—192 页），四面高墙围护，四角都有阁楼。正面开长方形大门，门头透雕菱形花窗，其上是庑殿式门楼。门的两侧墙面线刻门神，门神皆赤身露体，张牙舞爪，双手高举，右边者右手执斧，左手持宝壶，右腿前屈，左腿后伸；左边者右手执勾镰，左手执斧，两人相对注视。门内站立文吏，宽袖长袍，低头拱手，其前方也有类似文吏站立，与之相应。院内有一座三层的高楼，下层有门吏和劳作俑，有扶梯通往二楼，一人正在梯上往上登楼，楼内有人伏案，似在读书。另一侧可见三层，也有扶梯从一楼通向二楼，从二楼通向三楼的扶梯上有人登楼。此楼墙面奇特，正面一层墙体是通天镂空菱形格花窗，二层的墙体则镂雕力士支撑，力士双手上举，双腿下蹲，似将楼层托起。三层镂刻菱形格花窗，檐边有一人匍匐在地，似在侍候主人。长 49.5 cm，高 35 cm。

1982 年贵港铁路新村东汉墓出土一件四角六楼陶城堡模型，与此近似。该城堡平面为正方形，四周高墙环绕，城墙四隅有四个攒尖顶角楼，门上是庑殿顶门楼。城堡前后皆设大门，各有一人持械守卫，大门两侧对称镂直棂窗和菱形棂花窗，大门与门楼之间镂菱形格棂花窗。城内左右各置一屋，其中一座为上下两层的楼阁，庑殿式瓦顶，上下两层之间有楼梯相连。底层作敞开式，设一大门，室内有一人凭几端坐，一人双手捧物站立，另有一人跪伏于地。二楼靠左设门，靠楼梯处的墙壁镂菱形格棂花窗，室内有三人，形态和底层的人基本相同，或坐或站或跪。后墙、左墙皆镂菱形格棂花窗。右墙根镂一个狗窦。城内一座屋为单层结构，长方形，庑殿顶，正面左右各开一门，两门之间镂菱形格棂花窗。其余三壁皆镂菱形格棂花窗，内有六人，其中左右门外走廊各有一人，左者跪伏于地，右者站立；屋内四人，其中二人各坐在一端，地面上各有一人站立。（图15）

图15 贵港铁路新村东汉墓出土的四角六楼陶城堡

2. 仓囷

民居附近专门盖有储粮的仓囷。仓廪是贮藏粮食的建筑物的总称，《吕氏春秋·仲秋纪》高注曰："圆为囷，方为仓。"仓一般为长方形建筑，外形与民宅相似。囷是圆筒形的，像围子。汉代非常重视粮食储备，汉初政论家晁错在其《论贵粟疏》一文中就提出"广蓄积，以实仓廪"的主张。西汉前期，公私都有不少积储。到汉武帝时，粮食的储备量已相当大，《史记·平准书》甚至说"太仓之粟陈陈相因，充溢露积於外，至腐败不可食"。汉墓中经常发现粮仓和粮囷模型，正是这种现实生活的反映。

（1）陶仓

陶仓的出现与陶屋同步。西汉中期的陶仓为两坡悬山顶，前面有走廊的底板，底板的外侧和前面的墙壁两端有用于安插栏杆的柱洞。墙体四面都有表示梁架结构的横直划线，两面山墙的顶部有供通风的直条镂孔。西汉晚期出现干栏式陶仓，仓底板有四个用于装木柱的圆孔，仓前的横廊已被封闭，开有门，墙体上刻划的梁架结构趋于复杂，顶部出现叉手，山墙增加了加固梁架的人字形斜撑，门和走廊两侧上方镂空成直棂窗，下部刻划出菱形格窗棂。东汉前期陶仓都是干栏式，大部分装有柱足，整体为前廊后仓的格局。东汉后期的陶仓也多是干栏式，叉手缩短成斗状，出现门扇，在门框两边的中部增加栓扁圆突起的栓窝。

本书图录部分收录了4件陶仓。

歇山顶陶仓，即曲尺型附畜圈仓（第192页下图），顶有五脊，正脊平伸，正中有鸟饰，两端微斜伸，坡面十五瓦垄。正面墙正中开门，门槛较高，一人双手扶在门槛上向内张望。山墙封闭，中柱和边柱从上到下刻划菱形纹，板壁也用这种菱纹分隔成三段。

横长 28.5 cm，宽 21.5 cm，通高 33 cm。

悬山顶干栏式陶仓（第 193 页上图），顶平脊，等距离有三处"山"形装饰，人字形瓦顶，顶面刻划板瓦平铺，仓房前有半身高回栏，栏墙镂刻横条孔，仓室正中开门，正面墙刻划菱形网纹，山墙封闭，刻划中心柱，柱顶有斗拱，下有柱础，有斜柱分层支撑。平底，下有四根立柱，将整个仓房顶离地面。与北海盘子岭东汉墓出土的一件近似，盘子岭陶仓为两面坡悬山顶，前后各有九道瓦垄，划出板瓦纹，前壁正中开门，门两侧有木闩孔，门前有廊，廊正立面也有门，三面有横条栏杆，仓体左、右、后三面墙封闭，外壁刻划出双线仿木构架纹，仓底有四条立柱，将仓体顶离地面。长 30 cm，高 32 cm。

悬山顶带梯干栏式灰陶仓（第 193 页下图），顶为一脊两面坡瓦面，仓身前面有走廊，正中开门，门柱顶有斗拱，前墙下段镂有菱形格棂花窗，山墙封闭，仓底有四条粗短的圆柱，将仓体顶立地面。因仓体较高，门前设活动楼梯，梯有九级。长 28 cm，高 27 cm。

四柱干栏式仓（第 194 页上图），顶脊也有三处"山"形装饰，人字形宽大瓦顶，正面墙正中开长方形门，门两侧有镂空花窗，仓门后移，门槛较高，底附四条圆柱，将仓房顶立地面。

（2）陶囷

陶囷为圆形，上广下敛，底有地台，下面用四根柱子支撑，结构作用与陶仓相同。上盖呈伞状，有的划上篦齿状线纹，从结构和刻划的构架线纹看来，是一种以稻草编织成伞顶，在木板地台上支架柱枋，外面围以竹编席笪的简易粮仓，与较正式的粮仓相比，是当时居民审时度势、实用的一种简易构筑。陶囷模型在昭平风清东汉墓出土二件，其中一件地台呈菱形，囷身为圆筒形，囷顶盖茅草，囷体侧面开长方形仓门，仓门右边站立一俑，俑的左手扶着仓门下方的栏板，右手向仓内掏谷，仓门前地台上和着两堆谷穗，旁边有两只小鸡拍着翅膀扑过去夺食，另有一只小鹅也赶过去抢食。南丹白裤瑶地区至今还有此类粮囷，圆身伞顶，下面由四根柱子支撑。

仓囷建成干栏式是适应岭南炎热多雨、气候潮湿的环境。其设计考虑了多种功能：一是通风，仓身严实，不设窗，有的下设通气孔；二是防潮，多建在地面高处，而且用干栏拱离地面；三是防火，一般独立于住房之外，避免住房不慎失火时受到牵连；四是防盗，仓门少，有封门闩，而且离地面高，不架楼梯不能上去；五是防鼠患，仓体底台伸展，柱脚缩在后面，柱顶罩以陶缸，老鼠无法爬上。这种防鼠的做法在南丹白裤瑶族地区现在还可见到。

（3）碓屋

舂米碓屋（第194页下图），是附设在住房附近专供粮食加工的偏房。悬山顶，长方形门，前墙镂有窗棂，镂刻三角形孔，屋内二人，各抱一根又粗又长的圆柱形木杵，往长方形槽中舂击。长 28.3 cm，高 26 cm。

（4）猪圈

天鸡顶井形猪圈（第196页下图），方井形状，攒尖顶，四方形围栏，平底，外围有底台，四角有圆形立柱，顶住四隅亭盖，盖面斜坡，铺平瓦，四脊相交，顶尖立一展翅欲飞的天鸡。栏外一侧地上放一大盆，旁边站立一人双手捧潲盆往内倾倒猪潲。栏内有猪，猪侧置有潲盆，体现了户外另立圈栏养猪的习俗。

3. 陶井

汉代人已十分讲究饮水卫生，大量水井模型的发现为我们提供了这方面的直观资料。水井掘在居屋附近，从汉代陶井模型来看，一般有井盖和井身，井盖、井身之间有立柱。井盖为四阿式瓦顶，有的顶中心有鸟饰；井身多为圆形，个别为方形，圆形井口外敞，直颈斜肩，直筒形井栏，底部是圆形地台，地台上均匀布置四个柱础，安装木柱，支撑井盖，形成井亭。

本书图录部分所收 4 件陶井都是圆形井身。

凤鸟饰顶盖瓦垅三角划纹井（第197页），圆饼形盖，盖顶四阿式脊，上饰飞鸟，鸟头前伸，双翅平展，伏在瓦脊上。井身敞口，圆唇，束颈，溜肩，短直腹，圆形地台，地台有四方形带圆洞的柱础。肩上部刻划莲瓣纹，下部刻划三角垂叶纹，腹部刻划水波纹。腹径 18 cm，井身高 19 cm。

四阿式顶盖井（第198页），釉陶井，四阿式亭盖，刻有瓦垅，井身敞口，平唇，束颈，矮腹，圆形地台，有四个圆形小柱洞。底径 16.8 cm，高 12.1 cm。

鸟饰四阿式顶盖井（第199页左图），正中有短脊，四垂脊斜出，盖面饰瓦垅。井身敞口，束颈，腹稍高，略外鼓，圆形地台，均匀分布四个圆形柱洞。底径 20.4 cm，高 16.6 cm。

四阿式盖顶凤鸟井（第199页右图），正中有短脊，四垂脊斜出，盖面饰瓦垄。井身敞口，颈稍高，腹矮，圆形地台，均匀分布四个圆形柱洞。底径21 cm，高16 cm。

类似陶井在合浦、贵港、梧州、平乐、兴安汉墓都有发现。这些陶井都有地台和井亭，说明当时人重视饮水的清洁卫生。地台可避免地面水流入井，井亭可遮挡天然雨水和树叶杂物飘入，保持水质干净；井栏较高，适应地下水位高的特点，也可防止人畜掉入。

4. 陶灶

人类发明用火以后，懂得熟食。先是烧烤，后来蒸煮。几乎每天做饭煮菜都要生火，而生火所用燃料就是居住地附近取得的木材和杂草，名之"薪柴"。古时政府官员发放的工资称之为"薪水"，意思是供给他们生活所需买柴、汲水的费用。自宋代开始，中国文献记载人们日常生活中的"七件事"就是"柴、米、油、盐、酱、醋、茶"，柴是首要的。

陶灶是厨房炊煮的工作台的模拟品，常与屋、仓、井模型明器组合在一起。西汉中晚期墓出土的陶灶数量相当多，其形制是从灶门到烟突纵向结构，烟突为龙首形，灶面一般开火眼三个以置釜、甑等炊具，设有灶额，灶壁刻划花纹。西汉晚期的陶灶呈长方形，方形灶额，龙首形烟突，灶面上有两只或三只火眼，上置釜、甑。二眼灶比较少见，合浦风门岭10号墓出土一件，灶面只有两只火眼，火眼上各置一个陶釜，遮烟檐呈方形，灶门呈拱形，灶的后端有龙首形烟囱。（图16）1955年贵县（今贵港市）总仓库汉墓也出土过二眼陶灶，灶面二眼各置陶釜一件，灶门前左侧置一个大瓮，有人扶在瓮沿上，伸手向瓮内劳作，灶门右边有一犬仰头上望，盯着灶额上的一只壁虎。三眼陶灶比较多见。合浦母猪岭汉墓出土一件三眼灰陶灶，前部有挡烟火的方形额墙，拱形灶门，灶面有三只火眼，分别放置釜、甑、釜各一件，后部有龙首形烟突，底部有突出的地台。合浦凸鬼岭汉墓出土一件陶灶，为显其高大，在侧壁刻划出三条柱状装饰，柱下有础，上端有斗拱，三只火眼，上置二釜一甑。

图16　合浦风门岭出土的二眼陶灶

东汉前期陶灶，有的烟突实心，在其下另穿一孔以冒烟，个别灶门前地台上堆有薪柴，有俑作烧火或看火状。东汉后期，灶壁两旁附设水缸，有烧火的人和在旁边烤火的猫、狗。陶灶及灶上炊具，灶旁劳作的庖厨和所附猪、狗、鸡、鸭等家畜家禽，组成一幅家居生活的生动画面。1954年贵县（今贵港市）东湖新村东汉墓出土一件刻花五俑红陶灶，形体高大，结构繁复，前有宽大的灶额，开拱形火门，后有人字脊烟突，烟突下有火眼。灶额上方划斜方格纹，下方划倒三角纹，侧壁划出双线界格。灶台上有三个灶眼，分别放置二釜一锅，前后两釜皆敞口，束颈，圆腹；中间一锅敞口斜腹，口沿上有双环耳。灶台上有二人，分别扶在釜、锅边缘操作。灶壁左右两侧各置一陶瓮，也各有一人向瓮内观察。灶门口左侧放一个圆盆，右侧有一人匍匐在地，探出上身向灶内张望，似在观察火势。五人各司其职，密切配合，形象生动，整个场面像是在进行酿造或洗染，是当时手工业作坊的写照。（图17）

本书图录部分收录3件陶灶。

　　三俑一狗双眼灶（第200页上图），长方箱形，灶面二眼，各置一釜，眼与釜连成一体，后面釜侧站立一人，右手执长柄勺向釜内搅拌。尾有扁方形突斜置，斜面贴双尾形饰。灶的右侧置一大瓮，旁站一人，双手扶瓮沿，向内搅拌；灶前高额，刻划双线菱形纹，灶门前匍匐一人向内观火，他的对面站立一狗，摇尾，昂头上望，盯着灶额边沿往下爬行的壁虎，画面构图生动有趣。通长31 cm，宽22 cm，高20 cm。

　　三俑三眼龙头灶（第200页下图），灶身前宽后窄，灶面三个火眼，分别放置二釜一锅，灶身两侧各附贴放二只大瓮，前端各有一人双手往瓮内搅拌操

图17　贵港新村东汉墓出土的刻花五俑红陶灶

作,灶门前有一人匍匐向灶口观火。这种灶不仅安全,而且通风助燃,火苗旺,温度高,可以充分利用余热。通长33.6 cm,宽13.9 cm,高12.2 cm。

三俑一狗双眼灶(第201页),长方箱形,灶面二眼,各置一釜,釜与灶连为一体,后面一釜的后侧蹲坐一狗,灶台后有一圆孔,烟突已失。灶台两侧刻划水波纹和双线网镖纹;灶台前额高竖,刻划双股菱形纹和叶脉纹。灶门前有二人一狗,一人面对灶门,双手往内添柴,一人站在一口大瓮前,双手往内搅拌,狗蹲在灶门一侧,翘尾,头向上昂,盯着灶额上方往下爬行的壁虎。通长27 cm,宽18.5 cm,高15.5 cm。

由于古代人口稀少,森林面积大,薪柴随处可得,树木自然生长,能满足人类生活所需的薪柴,不存在能源问题。但是,由于日复一日,年复一年地烧柴,要砍伐林木,仍有能源短缺之忧。即使有大片森林可供砍伐,薪柴的砍伐和搬运也是费力费时的,因此很早的时候起,人类就注意了合理利用能源和节约能源。如蒸煮饭菜用的釜锅,设计成圜底,便于大面积接触火焰,容易受热;架釜锅的支撑,做得空旷高敞,便于供足氧气,使薪柴获得充分燃烧。再后是发明灶,将火围起来,使热力更加集中。为使柴草充分燃烧,在背后装上烟突,便于空气流通,以排除烟气。人类开始是掘地为灶,然后才制造可以移动的灶。地灶大约在新石器时代就有了,到了汉代,广西农村已普遍使用明灶。

汉代对灶很重视。刘熙《释名·释宫室》称:"灶,造也,创造食物也。"《汉书·五行志》称:"灶者,生养之本。"从汉墓中发现的灶模型来看,汉代的灶大都有灶门、灶额、灶台、火眼、烟囱五个部分。灶门供添薪柴,灶额可以挡住火焰,灶台上安火眼,火眼上放置炊煮用的釜、锅、甑,有的灶台两壁还嵌置瓮、罐,灶门口有人看火,灶台上有人操作,设置相当完备。同时对二三个炊器加温,说明当时已懂得利用余热,节省薪柴了。

《汉书·霍光传》有"曲突徙薪"的故事,说有人经过主人家,见他家灶的烟突是直的,旁边堆有薪柴,劝主人把烟突砌弯曲,把薪柴搬走,免遭火患。主人不听,后来果然发生火灾了。所以当时的灶,烟突是曲的,烟口像龙头,薪柴放在离烟突较远的地方,就是为了防止火灾。

(三)人物俑

"俑"是替代人陪葬死者的,是人的形象,陶俑的出现是废除活人殉葬的封建社会意识形态的反映。

合浦望牛岭汉墓出土一批陶俑，均拱手向前作侍立状，体态端庄、形象俊美，应是侍俑。合浦县堂排西汉晚期墓出土一件陶胡人舞俑，细泥质，淡褐色。竖眉，小眼，络腮胡，头戴花冠，博衣大袖，领和袖口刻划有花。右手挥袖于背后，左手提袖于胸前，作蹬踏起舞之状。（图 18）

1. 伎乐俑

本书图录部分收录一组 4 人的伎乐俑（第 203 页），均跽坐，双手执各种不同乐器，似在演奏。

2. 礼仪俑

本书图录部分收录一组 7 人的礼仪俑（第 204—205 页），装束打扮基本相同，头戴帻头冠，宽衣博带，但是各人面部表情和姿态有别。有的双手拢袖放在胸前，有的俯身跪拜，其中一人手中捧物，一人左手触地，右掌外推，全是侍俑。他们聚在一起，应是一个重要活动的礼仪场面。

3. 托灯俑

此类俑多为深目高鼻、高颧厚唇、躯体矮胖、多胡子和胸毛的"胡人"男性形象，箕踞蹲坐，头上缠巾托灯，有的两手按膝，有的一手按膝，一手扶灯。也有女性，有肥胖的，也有清瘦的，也是高鼻深目，头上缠巾托灯。

本书图录部分收录 6 件。

单手托灯俑（第 206 页），一张猴脸微昂，直腰，右手直压右腿，右腿向内盘曲，左腿蹲曲，左手撑在左膝上，托起钵形灯盘。宽 17 cm，高 24 cm。

交脚俑灯（第 207 页），该俑为男性，横眼大耳，小口，须向前翘，脑后留锥形髻。胸部双乳前突，双腿向内盘曲，右臂下弯，手护阳具，左手放在左腿上。头顶敞口深腹钵。

箕踞交手俑灯（第 208 页），与箕踞抚膝俑灯近似，不同的是，其俑双手交叉于胸前，头顶之灯为折腰浅钵。

箕踞抚膝俑灯（第 209 页），俑头微昂，隆鼻扇耳，箕踞双膝，双手平放膝上，头顶深腹钵。

盘腿俑灯（第 210 页），俑头微昂，粗鼻细眼，嘴向前撮，粗颈，宽胸，

图 18　合浦堂排汉墓出土的舞蹈俑

双臂平展，右臂前曲，右手搭在右膝上，左手下垂，放置在左膝弯处，右腿下蹲，左腿内曲，脚掌支在肚前。头缠软带，置高足灯碗。器宽17 cm，通高18.5 cm。

屈腿俑灯（第211页），灰陶，俑头隆鼻，张耳，双臂前曲，双手放在膝上，双腿向前屈蹲，头顶大碗形灯盘。器宽11 cm，通高21.5 cm。

这种托灯俑在合浦、贵港、梧州、恭城、兴安汉墓都有发现。贵港铁路新村东汉墓出土了一件灰陶，通高26.5 cm，人俑昂头，双手合抱腹前，双腿向前屈踞蹲坐，凤眼，高鼻，络腮胡须，裸身，双乳外突，胸、臂、腿均有毛发，头顶钵形灯盘。梧州旺步汉墓出土了一件双腿向左盘曲的托灯俑。其双手合抱腹前，双腿向前屈踞蹲坐，凤眼，高鼻，络腮胡子，裸身，双乳外突，胸、臂、腿均有毛发，头顶钵形灯盘。兴安石马坪汉墓出土的盘坐俑，器表涂黑灰，高鼻，深目，扇耳，刻划此须，胸前双乳突出，腹部、背脊内凹，全身划长毛。左腿向内横屈，右腿屈膝垂立，双臂下垂，左手按在左腿上，右手按在右膝上。手、脚刻划出五指五趾。头顶缠带，所顶之物已失。

从俑体的面目体形和服饰特征来看，有人说与"原始马来族"接近，有的说是来自西亚或非洲的东岸的黑奴。大概即东汉杨孚《异物志》所称的"瓮人"形象。《异物志》载："瓮人，齿及目其鲜白，面体异黑若漆，皆光泽。"《汉书·地理志》载：汉武帝时，从徐闻、合浦入海，中国船只可到南亚各国及西亚和非洲西海岸边，"有译长，属黄门，与应募者俱入海市明珠、璧琉璃、奇石异物，赍黄金杂缯而往。"船队回程可能会带回一些黑人作为家奴。

（四）动物俑

汉代动物俑出土甚多，牛、羊、猪、狗、鸡、鸭、鹅等家畜、家禽都有塑造。塑造手法有强烈的写实风格，大都姿态生动：牛、羊、猪或行走，或伏卧，或跪坐；狗或蹲坐，或起立；家禽或低头觅食，或伸颈仰首，或屈颈擦毛。有的单独戏耍，有的成群结队，有的伏窝产蛋，造型生动传神。有的与陶屋、陶仓、陶囷、陶灶有机地组合在一起，构成一幅幅丰富的生活画面。

1. 家畜俑

灰陶黄牛（第213页上图），四肢直立，头向前伸，头有短角，颈有峰，脖有垂膈。长 16 cm，高 8.4 cm。

灰陶卧牛（第 213 页下图），头小，躯体硕大，四肢内屈，虽未见角，但从整体看，应是水牛。

灰陶跪羊（第 214 页），平卧，头向前扬，四肢蹲伏，尾向上甩。以头部刻划最传神，眼为同心圆，鼻穿小圆孔，骸下长须前翘，双角上耸呈八字形，双耳紧贴面颊，腰腿划出弧线，显其肥硕。长 15 cm，高 13 cm。

梧州白石村汉墓出土卧牛、卧羊、卧狗各一对。牛是红陶质，伏卧于地，前腿向左弯曲，两只角高高耸起，双目圆瞪，炯炯有神，双耳竖起，嘴微张，似静卧作反刍细嚼慢咽状，形象生动逼真。羊是灰陶质，伏卧于地，前腿伸直，头抬起向前张望，神态自然逼真。卧狗是红陶质，伏卧于地，前腿向前伸展，嘴微张，露出牙齿，颈部饰项带，以示拴狗之用，尾反贴于臀上，双耳竖起，双目圆瞪似警视前方。

2. 家禽俑

汉代饲养的家禽包括鸡、鸭、鹅，甚至有鸽。

陶鸭一对（第 215 页上图），红陶，和陶鹅一样也是蹲式，收翅翘尾，身上也有水浪纹，两只都昂头伸颈向前，像是浮在水面上。左：宽 12 cm，高 8 cm；右：宽 12.5 cm，高 8.5 cm。

陶鹅一对（第 215 页中图），白陶，都作蹲式，皆收翅翘尾，头颈、背、尾上都有水浪纹，鼻孔、眼都清晰可见。一只昂首伸颈向前，一只扭头搭在背上。左：宽 16.5 cm，高 11 cm；右：宽 13 cm，高 9.5 cm。

陶鸡一对（第 215 页中图），红陶，也是蹲式，翅向后收，尾上翘，分出公母，公鸡冠高耸。左：宽 12.5 cm，高 9.5 cm；右：宽 11.5 cm，高 8 cm。

二、藏品的文化价值

广西出土的汉代陶器不但有艺术欣赏价值，更重要的是有历史价值、文化价值。

（一）从藏品中可以看到汉代汉越文化的融合

从汉代陶制房屋明器可以看到，根据广西自然环境和气候特点，用竹木创造了干栏式、地面式建筑。这些建筑模型在一定程度上反映了当时人类居住建筑的特点和风格。民居多采用木构架，没有承重墙，内部相通，只用木板装修分隔，灵活利用格扇、板壁。一楼是畜舍、碓屋，二楼是卧室、仓库，既满足了居住安全、卫生，又兼顾了照料牲畜的需求，反映了典型的农业社会生活。

干栏型建筑将主体建筑悬空架起，既能防潮，也能防御毒虫野兽的袭击。汉代陶屋底层都较高，可以容纳家畜和杂物，上层平面为横长方形，两坡悬山顶，门开在正面墙壁，门前设有楼梯供人上下。下层四周用矮墙相围，构成一个方形基座。墙头有瓦檐遮护，墙体下方开一个方形或 Ω 形狗窦，以便牲畜进出。三合型建筑由一座主屋和两座厢房连接，后面修围墙，形成四面合围的小天地；楼阁高低错落、主次分明、对称均衡；城堡建筑，高墙围绕，四角建楼，武士警卫，戒备森严，生产性和防御性相结合，是土地和财富高度集中，社会动荡，战乱不断，阶级矛盾尖锐化的反映。

从这些建筑可以看到，瓯骆民居已受中原汉文化影响，建筑布局以规整的院落为主，一些豪强家族更是按照四合院建筑传统精心规划，依中轴线布局，均衡对称，高低组合，主次分明，富于变化。平民百姓的房屋以实用为主，以功能紧凑的单体建筑和三合式建筑为主流，反映了瓯骆民众接受了中原传统建筑理念。

汉越文化融合，当地居民逐步接受汉文化，吸收中原的先进建筑技术和家居理念，民居建筑多采用穿斗式结构，已广泛使用斗拱，屋顶有庑殿、悬山、单坡、四角攒尖等形式，窗有槛窗、横披窗、支摘窗等形式。建筑主体是木质，普通使用瓦作屋面。将住所与牲畜圈栏结合在一起，排泄物被直接排入圈栏，当成牲畜食物再利用。有的厕所、畜圈、禽舍建在户外，更符合卫生要求。在住宅周围还建造仓囷、水井，在空间配置上，相映成趣，生活也就更加丰富多彩。家家户户都有猪圈，养猪积肥，已成常业，是农耕文化的印记。无论粮仓还是粮囷，下部均设计桩柱，把仓房高架起来，脱离地面，是多雨地区农民为防水防潮的创造。

丧葬礼仪受中原风习影响，也实行厚葬，修建高大坟堆，陪葬品"器用如生人"，把大量的生活用品和陶制明器随死者埋葬。

（二）从藏品中可以看到瓯骆社会生活的丰富多彩

汉代的陶制明器具有很高的历史价值。生动的造型，传神的装饰给后人留下多方面的社会历史信息，是历史学家研究广西汉代历史的重要资料。

西汉时期房屋内已设计厕所。如干栏型房屋，在屋内一侧的地台中设一个长方形厕所坑穴，穴旁或加扶手，或有专门板墙相隔。排泄物直接排入畜圈。西汉后期，有的干栏型建筑上层平面作曲尺形，在原有横长方形屋的基础上，在后一侧延伸出一个长方形小室，用作厕所，底有坑穴，下通猪圈。厕所与前室有间隔墙，或者开一个小门与前室相通。

汉代非常重视粮食储备，汉墓中经常发现粮仓和粮囷模型。陶仓设计成长方形，前面有回廊，悬山式瓦顶，瓦脊偏后，瓦面呈前宽后窄，使前檐覆过回廊。有的粮仓则高架起来，成为干栏式建筑。门前有避风雨的回廊，廊前有栏杆。有的粮仓模型出土时，仓内尚存大量稻谷。有的粮仓大门及左右板壁、两边山墙及后壁全刻图案花纹，装饰得富丽堂皇。仓囷林立，设计讲究，说明粮食自给有余，重视粮食储备已成风尚。而在屋内常见劳作俑，都以舂米、簸米形象展示粮食加工技术，象征着丰衣足食。城堡是东汉后期经济发展使得土地集中，产生地主庄园的结果。庄园生产以农业为主体，包括畜牧业、手工业、酿造业、粮食贮藏与加工的封闭式的多种经营和自给自足经济。

汉代注意饮水卫生。居屋附近掘有水井，一般有井盖和井身，井盖、井身之间有立柱，井盖为四脊攒尖瓦顶，中心有一鸟饰；井身多为圆形，极个别为方形，圆形井身圆口外敞，直颈斜肩，直筒形井栏，底部是圆形地台，地台上均匀布置四个柱础。井台上支撑井盖，井盖遮盖井口，防止雨水、树叶或其他杂物掉进井内，保持井水清洁卫生。井栏外设排水槽，可将漏出的水排走，围栏设计以防地面脏水流入，也防人畜坠落。

民以食为天。秦汉时期，以吃五谷为生的习俗就已牢固稳定下来。炊煮方法，《汉书·地理志》说越人"饭稻羹鱼"，说明是用大米蒸成干饭，用鱼煮成汤。考古发现的炊具主要是灶和鼎、釜、甑。灶是厨房炊煮的工作台，广西汉代陶灶模型明器很多，本书收录了几件，反映了那个时代用灶炊煮的现实生活。有大宗的日常生活用品，如盛贮器瓮、瓿、罐、盒、提桶，炊煮器鼎、釜，盛食器簋、盆、碗、魁，盛酒器壶、钫、瓶，温酒器樽，饮酒器斗，还有灯具，可见丰富多彩。

（三）从藏品中可以看到汉代广西制陶工艺的水平

陶是泥土与水的结合，抟弄成形后，经过晾干，再经高温焙烧才能完成。最原始的办法是将陶器坯堆放在平地上，覆盖柴草，点火直接烧，使其硬化，成形温度较低，这种平地堆烧的"窑场"在距今约五千年前的资源县晓锦遗址有所发现。烧成温度只有600 ℃—800 ℃。为了提高陶器烧成温度，随后发明陶窑，在地下挖出窑室，把陶器坯放进窑室焙烧。到秦汉时期，广西陶器都能入窑烧制。这时的窑室主要是马蹄形窑，也有坡式龙窑。窑室密封性能好，可控制二氧化碳的还原度，能有效地提高窑室温度，并提高陶器的火候与质量。本书收录的陶器主要是汉代泥质硬陶，其胎质坚致细密，烧成温度高，扣声清脆。

汉代是广西制陶工艺兴盛发展时期，制法有轮制、模制、手制，制陶技术已发展到综合使用各种技艺的程度。

制作坯胎的技术普遍采用轮制，凡是器体为圆形的生活用器，都采用轮制技术，口、腹、底正圆，圆正规整，厚薄均匀，器体均衡、对称。器盖采用垫模轮旋；有棱角的陶器如钫，器形采用模制；器物的耳、纽、柄、流、足、座等组件和勺、斗等少数器形为手制。

有的器物则采用手制、轮制和模制三者结合，制作工艺复杂。从藏品中可以看到，瓮、罐类往往是手制和轮制兼用，即先用泥条盘筑器身，再经慢轮修整成形，然后粘接器底，最后再拍印和刻划花纹装饰。提桶、鼎、盒、壶等带盖的器物，则先分别轮制出器盖和器身，然后加上器底及足，经进一步修整最后成形。三足盒、三足罐、联罐等器体较小的器物，则器身与器底一次轮制完成，再捏制器耳、盖纽和器足等附件。

特殊的工艺品，则采用捏塑、雕刻、镂空、接合等技术。如房屋的门窗和灶眼、灶门、火膛等则用镂空技术；屋顶的瓦垄、灶台上的装饰多用雕刻技术；屋、仓中的人、牛、羊、猪、狗，灶上的人、狗、猫、壁虎，则是事先捏塑好后再贴附在屋、仓、灶的适当位置。

陶器的一些部件，除满足实用功能外，还要注重观赏价值，将它们捏塑成各种富有美感的形态。器盖上的纽小，有便于提取的功能，做成各种小塑像，就成了艺术品。如把熏炉、联罐、壶、匏壶、温酒樽的纽和抓手分别捏成乳突状、兽角形、鸟形、卧羊形、卧鹿形、回首凤鸟形，把鼎、温酒樽、联罐、瓿、壶、盒、卮的耳錾分别捏成环形、铺首衔环、桥形、饼形、鸟尾形；把温酒樽、釜、联罐、提桶的足作成乳突状、卷曲状、蹄状、熊头形、羊头形、短柱形、跪人形；把熏炉、卮、杯、魁、勺的柄、把手作成曲条形、扁环形、圆环形、龙首形；把熏炉、盒、温酒樽盖面的纽作成三卧羊、三蹲羊，等等，既实用，又美观。

制作陶屋是很复杂的工作，必须先设置框架，采用不同的技术，做出不同的部件。陶屋的边角及干栏的底柱使用接合法；房屋的门窗用镂空技术；屋顶的瓦垄用雕刻技术；屋内的人、牛、羊、猪、狗、鸡、鸭则徒手捏制，贴附在适当的位置。一座陶屋的许多部件都要事先预制，然后才组合成形，这就要求各部件比例要符合总体尺寸需求。要达到这一比例需求，要有一定的数学知识，事先测算好。还要考虑到陶坯在晾干和焙烧过程收缩、变形或破裂的可能。各地出土的楼阁型房屋，实际就是当时一组建筑单元的微缩，房屋内是一个大的空间，屋檐、脊棱、门窗、回廊、围墙、厨房、猪圈乃至正在炊煮的厨师和觅食的小猪等，都雕塑得栩栩如生，充分展示了工匠们娴熟的雕塑技艺。

从这批藏品可以看到，汉代陶器富有装饰性，装饰手法非常注意实用与美观相结合。装饰方法和纹饰形式空前丰富，装饰花纹由印纹向刻划纹发展，大量采用刻划水波纹和仿铜器的羽状纹、锥刺篦纹，装饰简洁大方。

西汉初期，广西陶器还保留几何印纹装饰的余绪，除少数素面外，大多有各种各样的拍印花纹；同时流行在一种极简化的几何底纹上加戳印的新方法。比如在釜、鼎、瓮、瓿、罐、壶、盒上拍印绳纹、方格纹、米字纹；在瓮、罐上戳印圆形、方形、菱形图案；在壶、钫、樽上模印兽面纹；在联罐、瓿、壶、簋、樽、提桶上刻划弦纹、水波纹、锯齿纹、四叶纹、垂叶纹、三角形纹；在熏炉盖和簋唇、足上刻镂孔几何纹和花瓣纹，等等。此外还用施压、轮旋、附加等方法制造纹饰。按其工艺种类的不同，大致可归纳为印纹、旋纹、刻划纹、附加堆纹、镂孔等类。有的采用方格纹作地纹，在其上再戳印几何图形。装饰花纹由印纹向刻划纹发展，大量采用刻划水波纹和仿铜器的羽状纹、锥刺篦纹。屋、仓刻划出木柱、斗拱，有的门墙上刻划门吏、卫士、出行马匹形象，生动传神。

从这批藏品可以看到，广西汉代陶器质料从硬陶到釉陶再到早期青瓷的发展历程。西汉前期广西陶器泥质硬陶占一半以上，西汉中期约占60%，西汉后期釉陶有80%以上，东汉开始出现青瓷。

广西釉陶最早出现于战国时期。平乐县银山岭战国墓出土的三乳足陶瓿、三乳足带盖陶盒都施有青黄釉。这些器物釉层不均匀，胎釉结合不够紧密，因而易于剥落，带有明显的原始性。西汉以后，广西釉陶十分普遍，贵港市罗泊湾出土青黄色釉三足罐；贵港市孔屋岭东汉墓出土青釉和青褐釉陶；合浦望牛岭西汉墓出土黄褐色釉陶器。从无釉陶到敷釉陶，是广西制陶技术史上的重大突破。釉色多呈青黄色、灰色、浅绿色和绿色。到东汉，釉陶已在广西广泛流行。此时期的施釉均匀，厚薄较一致，胎釉结合得好，不易剥落。大批釉陶烧成温度达 1150 ℃—1200 ℃。经测试，陶胎中二氧化硅（SiO_2）和三氧化二铝（Al_2O_3）的含量随时代的变化而变化，年代越晚，二氧化硅越多，三氧化二铝越少，三氧化二铁（Fe_2O_3）显著下降。釉的使用以及胎质的改进、烧成温度的提高，在陶瓷史上有着划时代的意义，釉陶的发展，为瓷器的产生奠定了基础。本书选录的大部分陶器都是釉陶器，胎质致密坚硬，釉色均匀，晶莹透亮。

东汉时期广西已出现接近成熟的瓷器。这种瓷器，釉呈青黄色，厚薄均匀，烧结良好。釉色有柔和和深厚之感，已脱离了原始青瓷阶段，接近成熟瓷的标准，可称为早期青瓷。象州运江、藤县古龙有东汉烧造青瓷的窑址，标志着这些地区开始走入瓷器生产阶段。在贵港、荔浦、兴安、钟山、合浦等地东汉中晚期墓中出土有碗、钵、罐、耳杯等一批早期青瓷器。贵港汉墓群出土的东汉青瓷器胎质灰白，内外施青釉，扣之声音清越。这些早期青瓷应是本地产品。

总之，本书甄选的这批藏品集中折射了广西汉代社会的多个方面，既是广西汉代陶瓷发展的缩影，反映出汉代广西陶瓷发展由硬陶到釉陶再到早期青瓷的历程，反映了各个阶段的生产技术、生产水平，同时也是汉代广西经济繁荣，农业、手工业全面发展，越汉民族文化的融合和进步的再现。

文物都是历史，是文化，收藏文物，就是收藏历史，收藏文化。如果建一座博物馆将这些藏品向公众展现出来将是大好事。习近平主席在给国际博物馆高级别论坛的贺信中指出："博物馆是保护和传承人类文明的重要殿堂，是连接过去、现在、未来的桥梁，在促进世界文明交流互鉴方面具有特殊作用。"对历史文物的研究和优秀文化的传扬，会增强我们对中华文化博大精深的认识，使我们增强文化自信，更加充满豪情面向未来。

图录 *Tulu Antique Catalog*

生活用器

附耳蹄足鼎
口径 17.2 cm
高 16.7 cm

环纽浅盖附耳宽凸棱蹄足鼎
口径 11.5 cm
腹径 18.5 cm
高 19 cm

覆钵盖环耳撇足鼎
口径 11.5 cm
腹径 18.5 cm
高 19 cm

桥耳撇足鼎
口径 12.5 cm
腹径 15.7 cm
高 13.7 cm

瓿骆汉凤　馆藏广西汉陶文化

瓯骆汉风 菅窥广西汉陶文化

隆盖环耳鼎
口径 14.2 cm
腹径 17.9 cm
高 19.5 cm

带盖附耳撇足鼎
口径 12.3 cm
腹径 16.7 cm
高 17.2 cm

环纽浅盖深腹鼎
口径 20.5 cm
腹径 24.2 cm
高 22.5 cm

片纽盖附环耳浅腹鼎
口径 20.5 cm
腹径 24.2 cm
高 22.5 cm

瓯骆汉风　管窥广西汉陶文化

瓯骆汉风 管窥广西汉陶文化

圆盖附耳鼎
口径 13.6 cm
高 19.1 cm

←
隆盖附耳撇足鼎
口径 14.4 cm
腹径 19.5 cm
高 20.7 cm

刻划锯齿纹鼎
口径 17.7 cm
高 25.4 cm

瓯骆汉风　馆藏广西汉陶文化

柿蒂纹盖鼎
口径 14.6 cm
高 19.7 cm

瓯骆汉风 管窥广西汉陶文化

乳丁弓形纽盖
深腹蹄足鼎
口径 15.5 cm
腹径 20.9 cm
高 22 cm

乳丁弓形纽盖附耳
宽凸棱水波纹鼎
宽 19 cm
高 17 cm

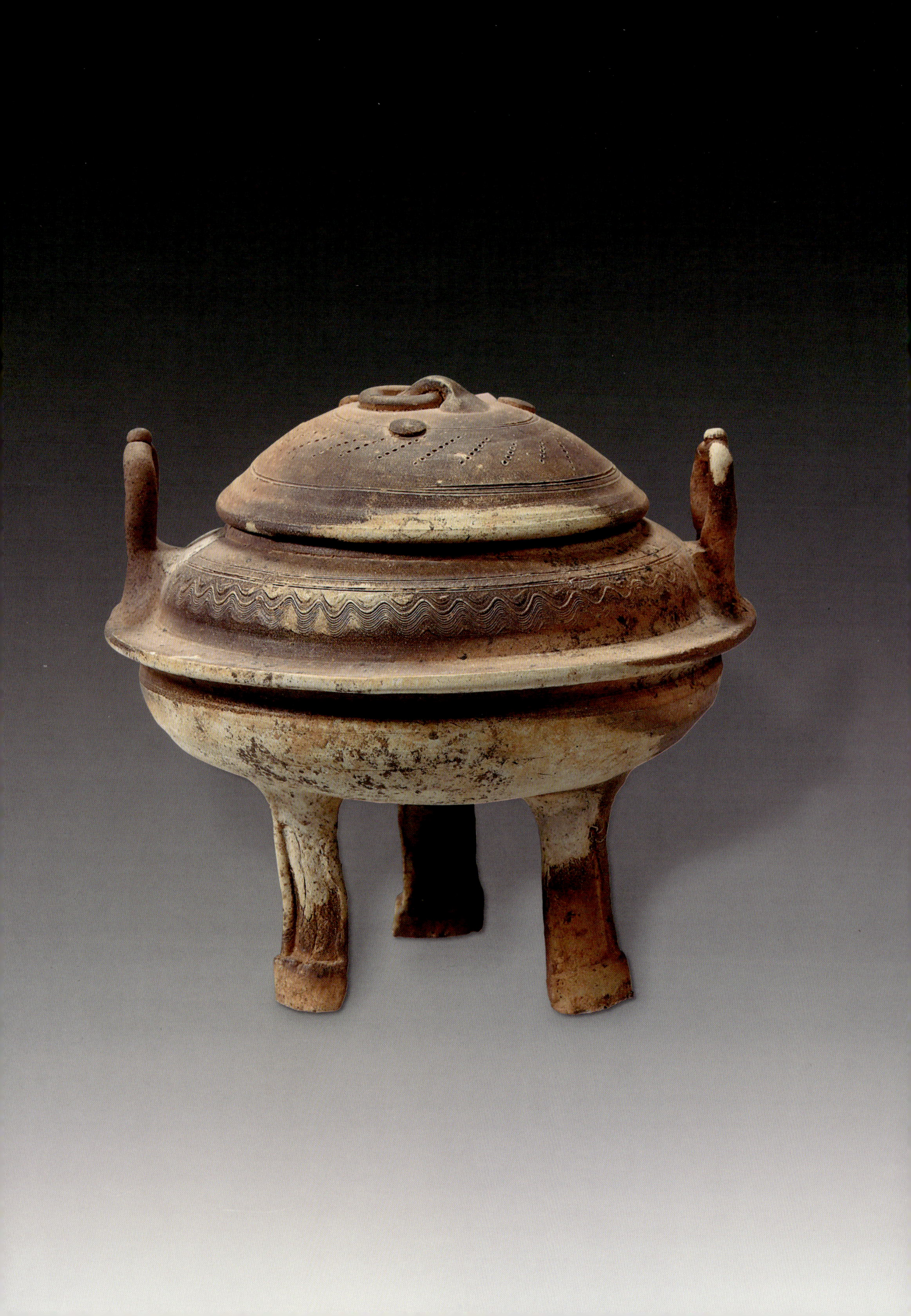

瓯骆汉风　管窥广西汉陶文化

四叶纹盒
口径 9.2 cm
高 8.9 cm

← 环纽浅盖宽凸棱水波纹鼎
宽 19.5 cm
高 16 cm

四叶纹盒
口径 9.2 cm
高 9.1 cm

圆饼抓手浅盖平底盒
口径 9.8 cm
底径 5.5 cm
高 7.3 cm

圆饼抓手篦点水波纹盖三足盒
口径 8.1 cm
腹径 9.1 cm
高 7.6 cm

圆饼抓手水波篦点纹浅盖盒
口径 13.9 cm
腹径 18 cm
高 11.3 cm

篦点纹盖水波纹三足盒
口径 16.4 cm
腹径 18 cm
高 12.7 cm

瓯骆汉风　管窥广西汉陶文化

隆盖长颈双耳壶
口径 9.9 cm
高 35.8 cm

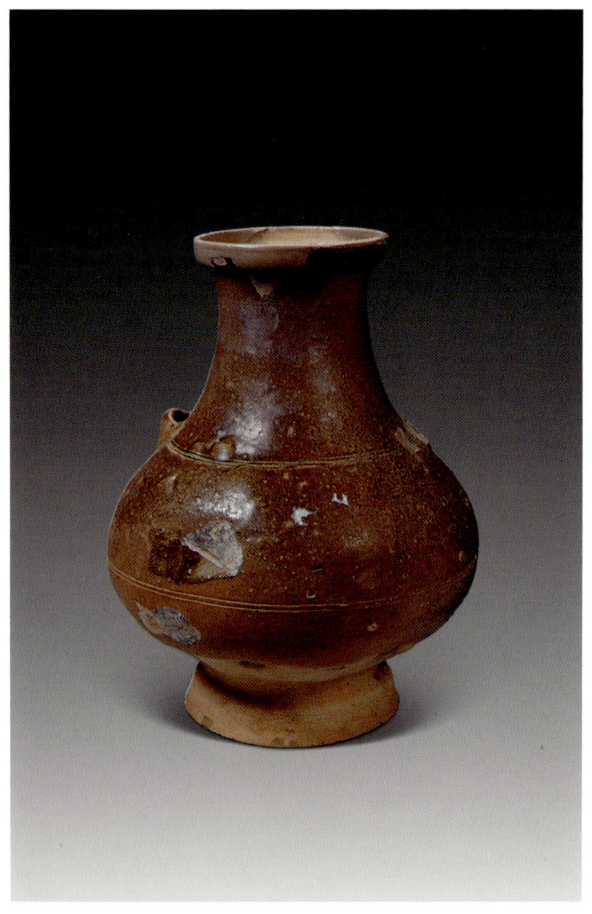

双耳胆形腹壶
口径 10.8 cm
腹径 21.2 cm
底径 12.7 cm
高 26.6 cm

双耳双铺首盖壶
口径 15.2 cm
腹径 27.7 cm
底径 17 cm
高 38 cm

瓯骆汉风　馆藏广西汉陶文化

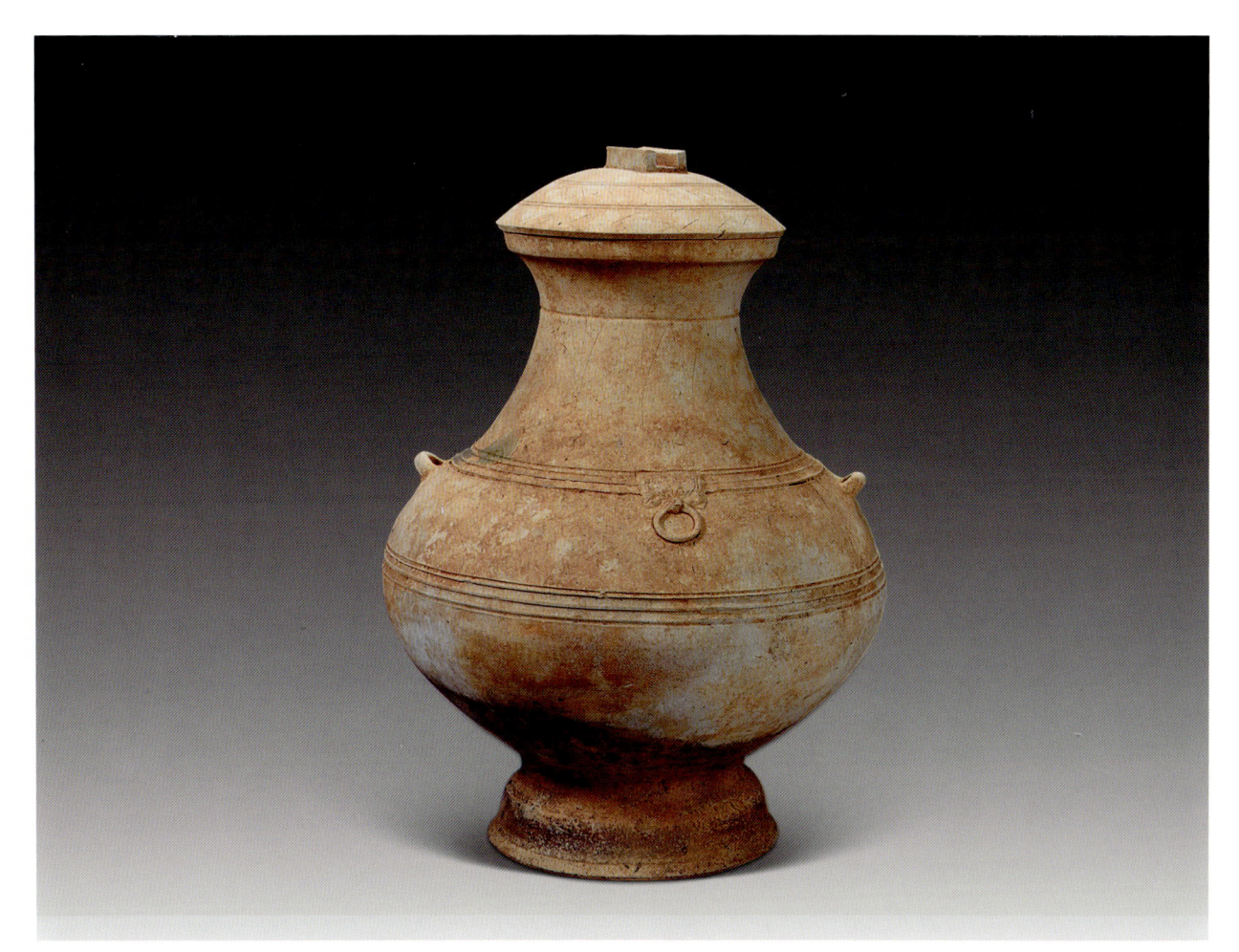

瓯骆汉风　管窥广西汉陶文化

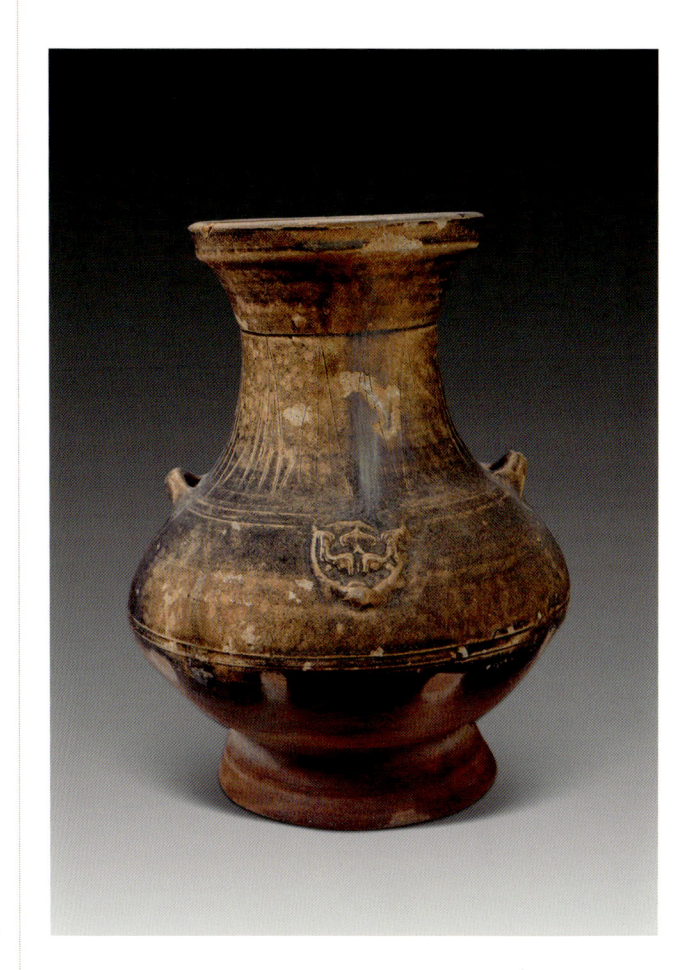

双耳三角纹铺首壶
口径 13.6 cm
高 26.8 cm

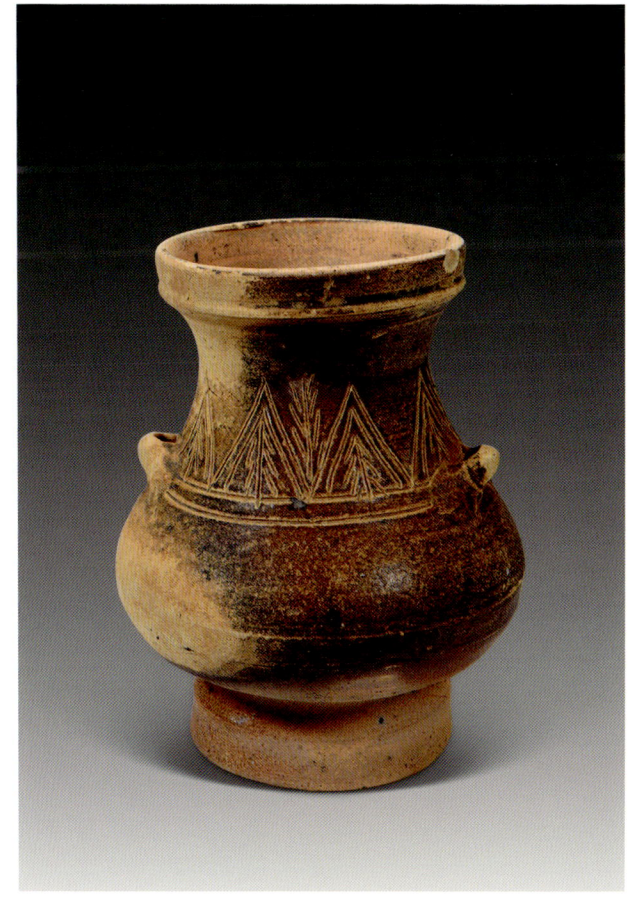

双耳瓦纹壶
口径 9.9 cm
腹径 18.5 cm
底径 12.5 cm
高 23.3 cm

大口桥纽刻划三角纹壶
口径 8.6 cm
腹径 11.8 cm
底径 7.8 cm
高 14.2 cm

瓯骆汉风　管窥广西汉陶文化

浅盖双耳双铺首高圈足壶
口径 11 cm
腹径 23.4 cm
底径 13.5 cm
高 36.5 cm

瓯骆汉风　管窥广西汉陶文化

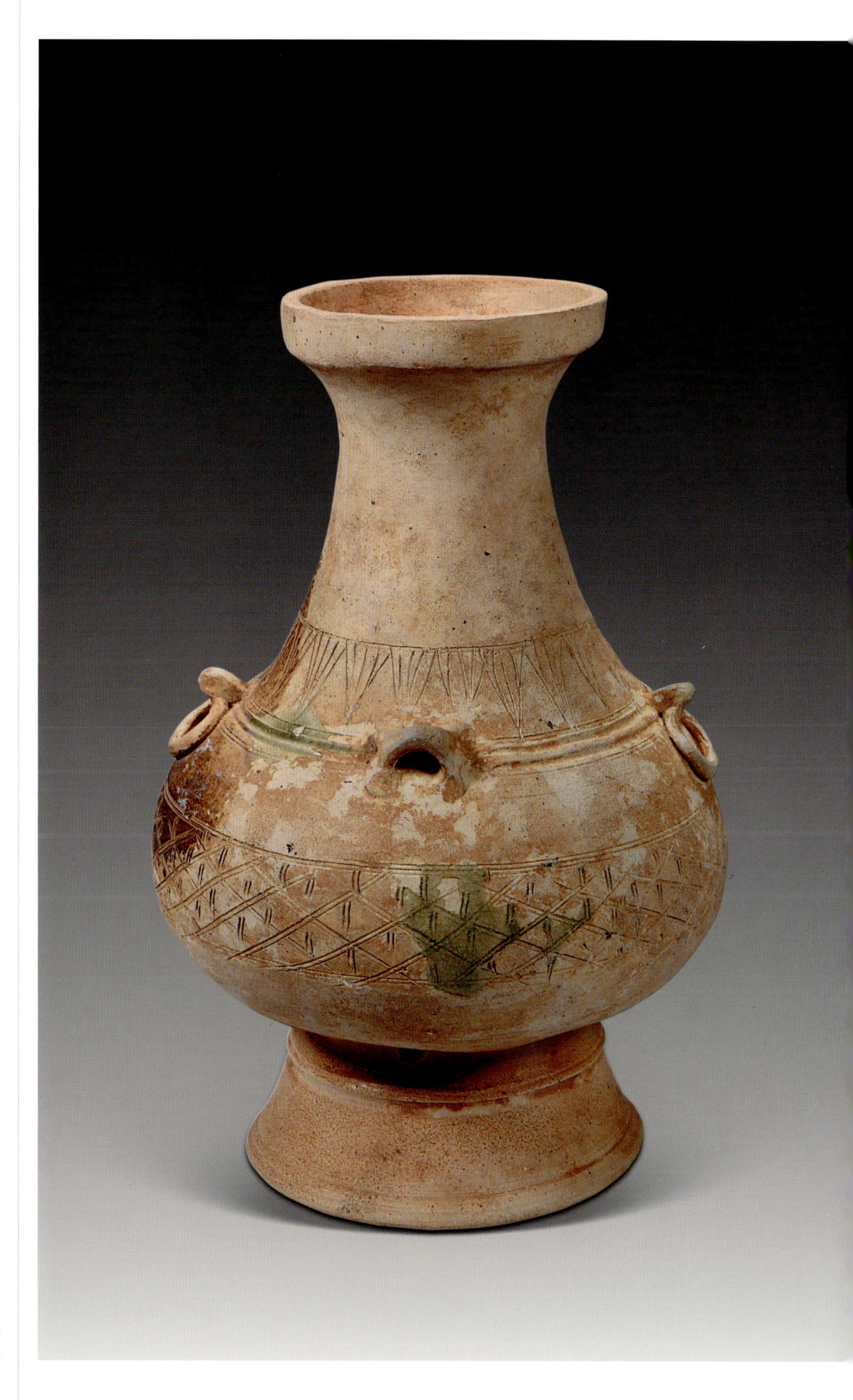

双耳铺首高圈足壶
口径 10.7 cm
高 28.6 cm

瓯骆汉风　馆藏广西汉陶文化

瓯骆汉风 管窥广西汉陶文化

081

直口象鼻双耳三足刻铭壶
口径 6.3 cm
腹径 14.7 cm
高 14 cm

← 短颈桥纽平底壶
口径 7.9 cm
腹径 15.3 cm
底径 10.8 cm
高 17.4 cm

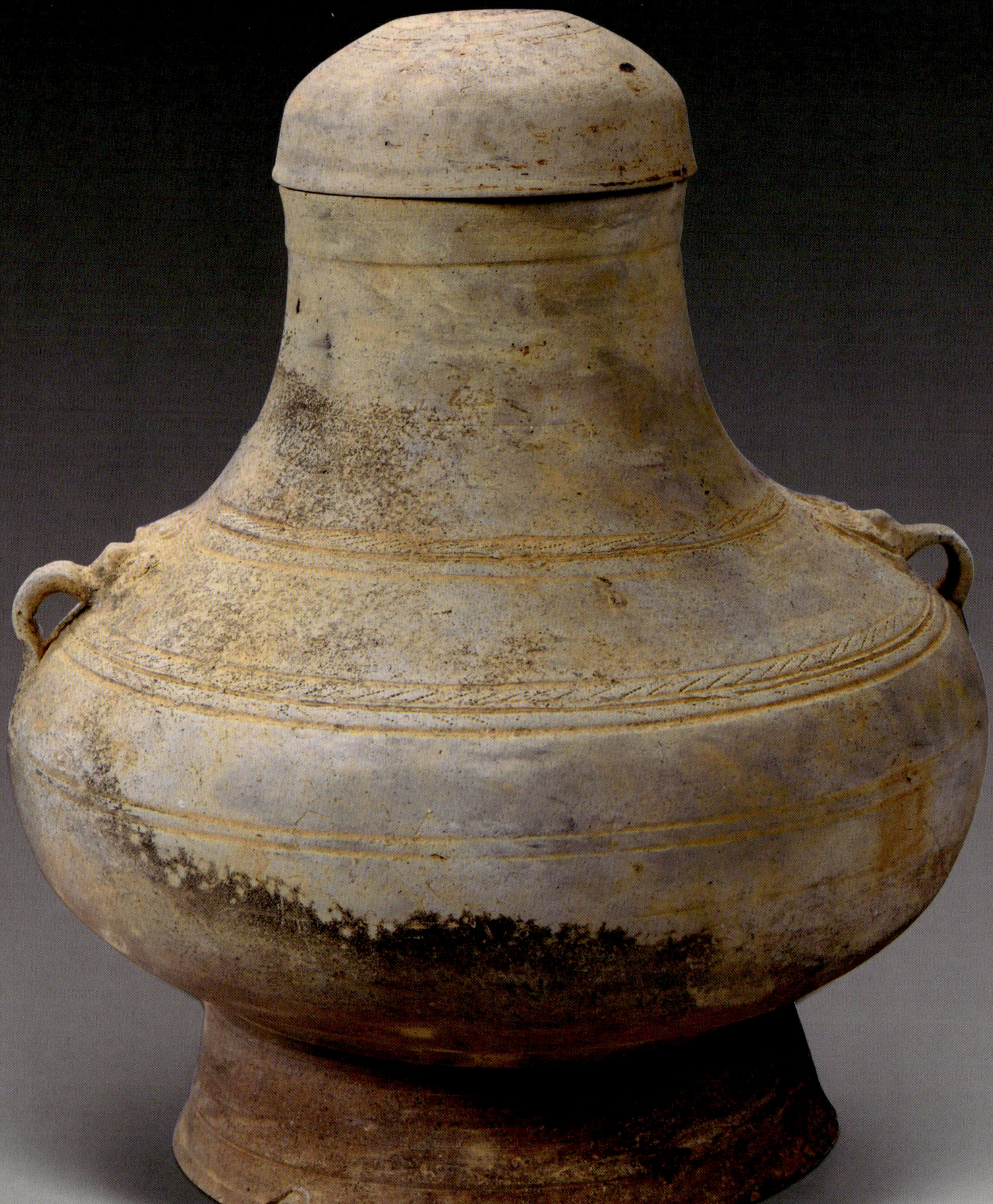

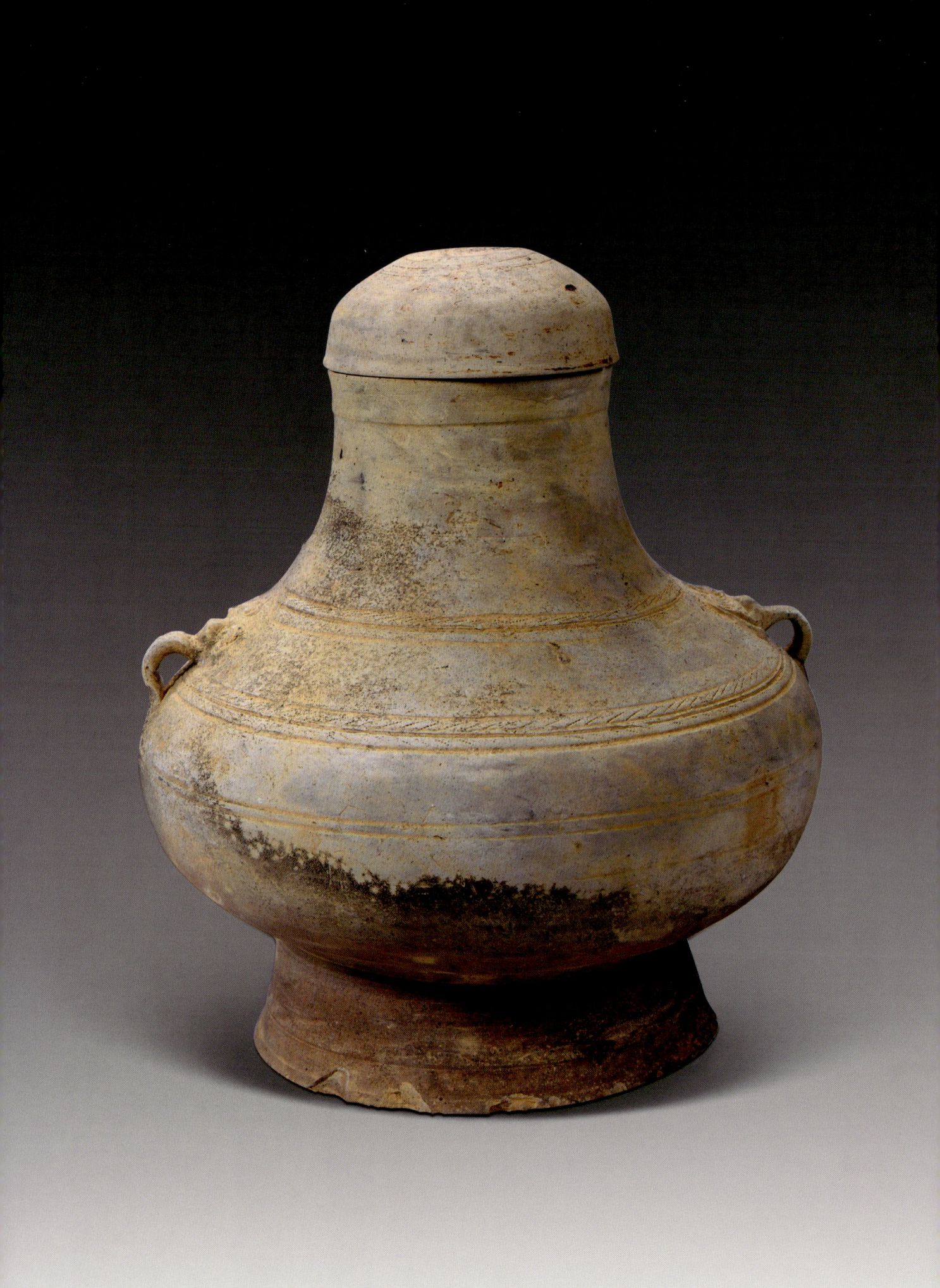

瓯骆汉风 管窥广西汉陶文化

带盖双耳扁身壶
口径 6 cm
腹径 14.2 cm
高 13.5 cm

←

覆钵盖桥形纽扁腹壶
口径 9 cm
腹径 25.9 cm
底径 18 cm
高 29 cm

颐骆汉风　管窥广西汉陶文化

浅圆盖短颈双耳扁腹壶
口径 5.8 cm
腹径 11.3 cm
底径 6.5 cm
高 10.2 cm

乳顶弦纹温壶
壶嘴口径 2.4 cm
高 10.8 cm

桥纽盖深腹铺首豆
口径 18.5 cm
底径 13 cm
高 18.5 cm

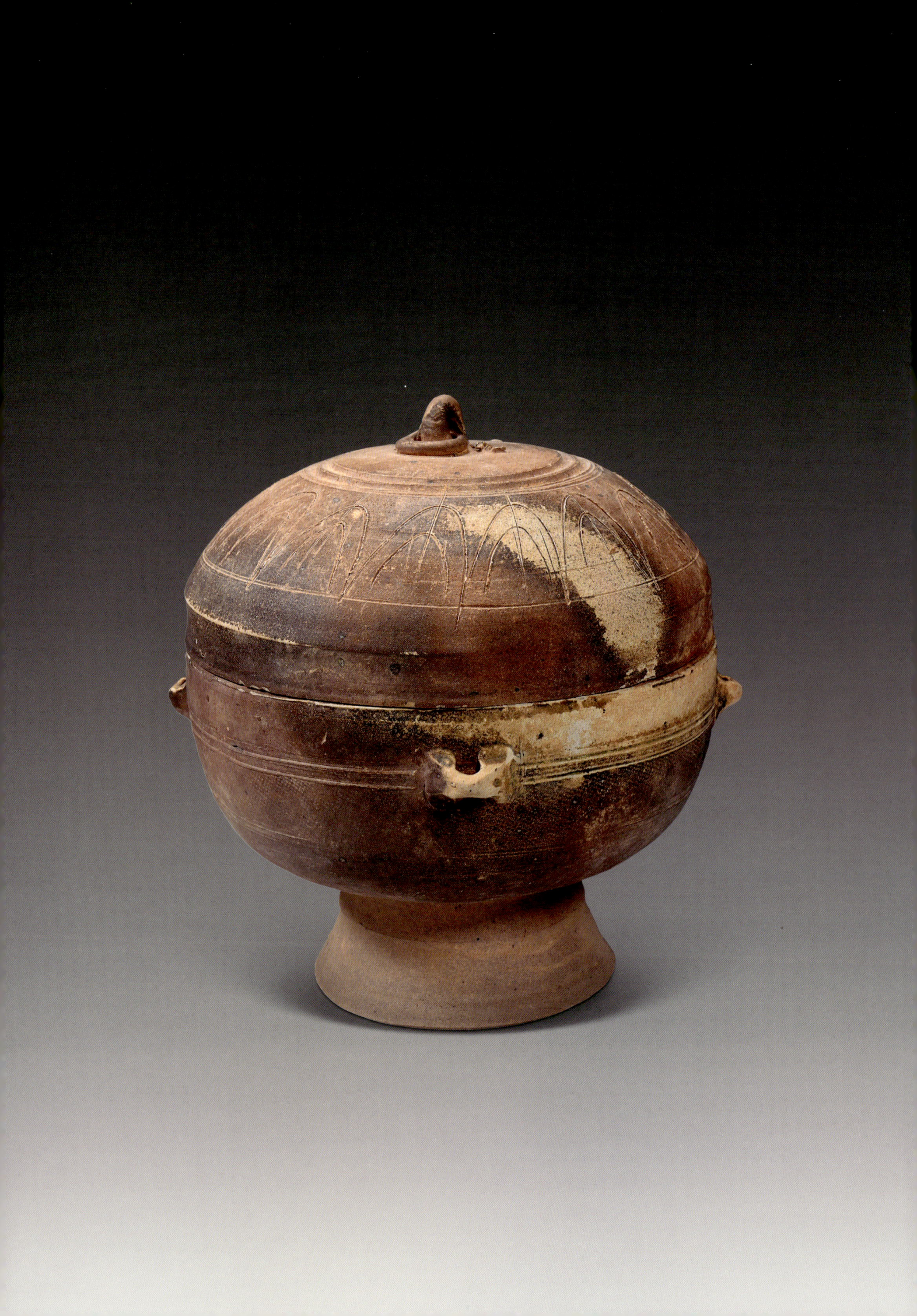

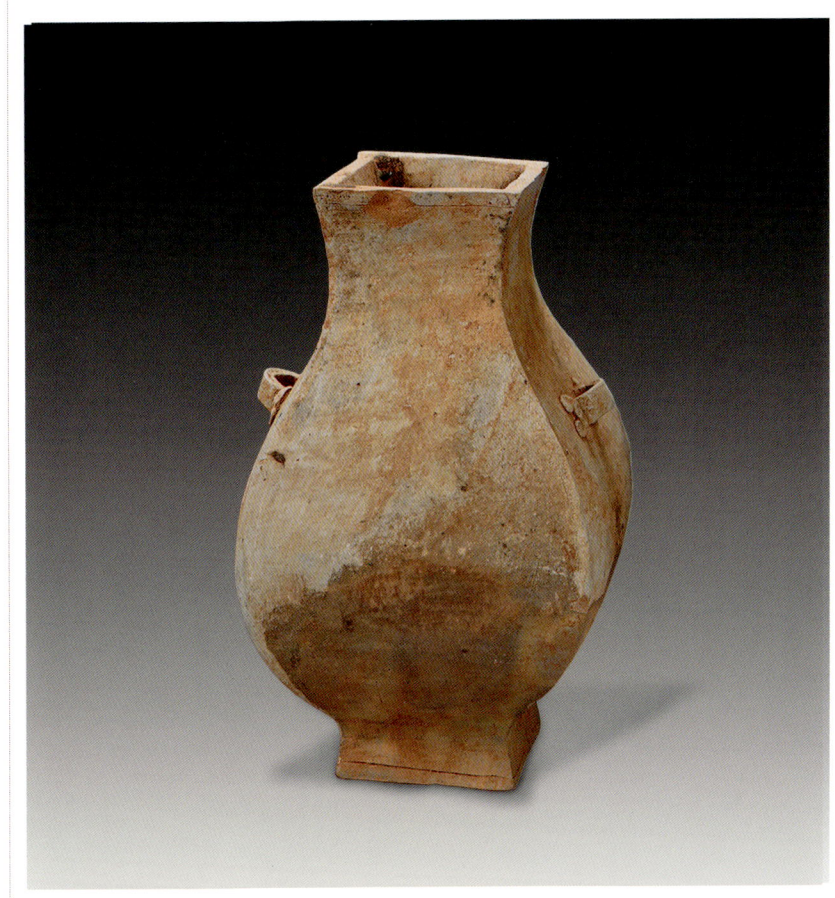

直口桥耳长身钫
口径 12 cm
高 36.8 cm

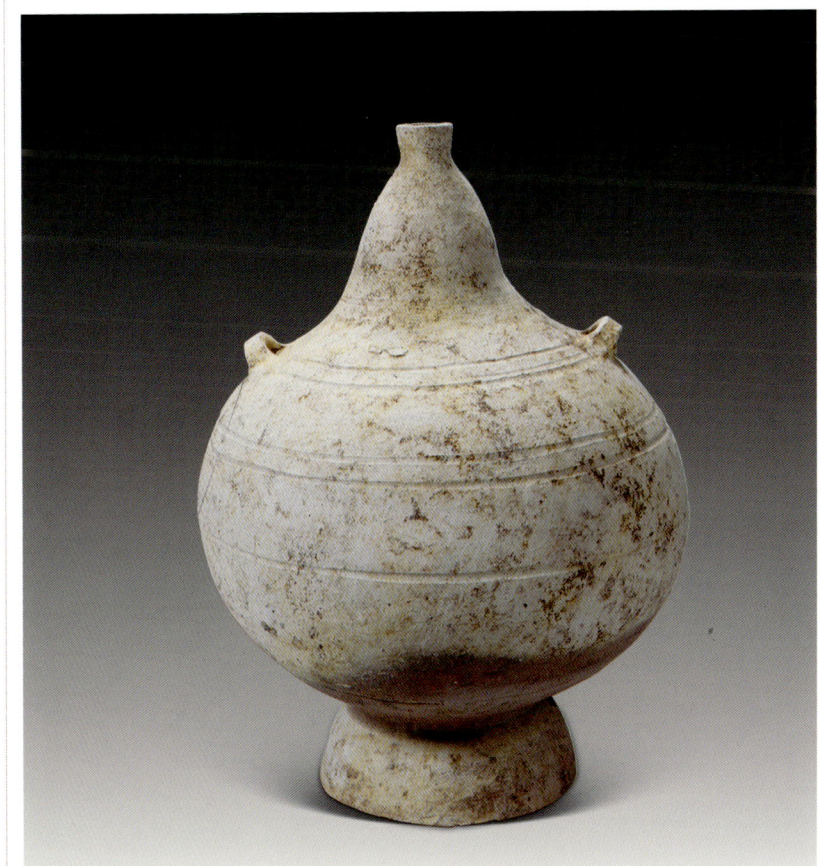

莲瓣纹四耳豆
口径 21.6 cm
腹径 24.3 cm
底径 14.3 cm
高 26 cm

桥耳葫芦形鉋壶
口径 1.7 cm
腹径 22 cm
高 29 cm

三角纹四耳瓶
口径 5.5 cm
腹径 18 cm
底径 12.7 cm
高 17.3 cm

089

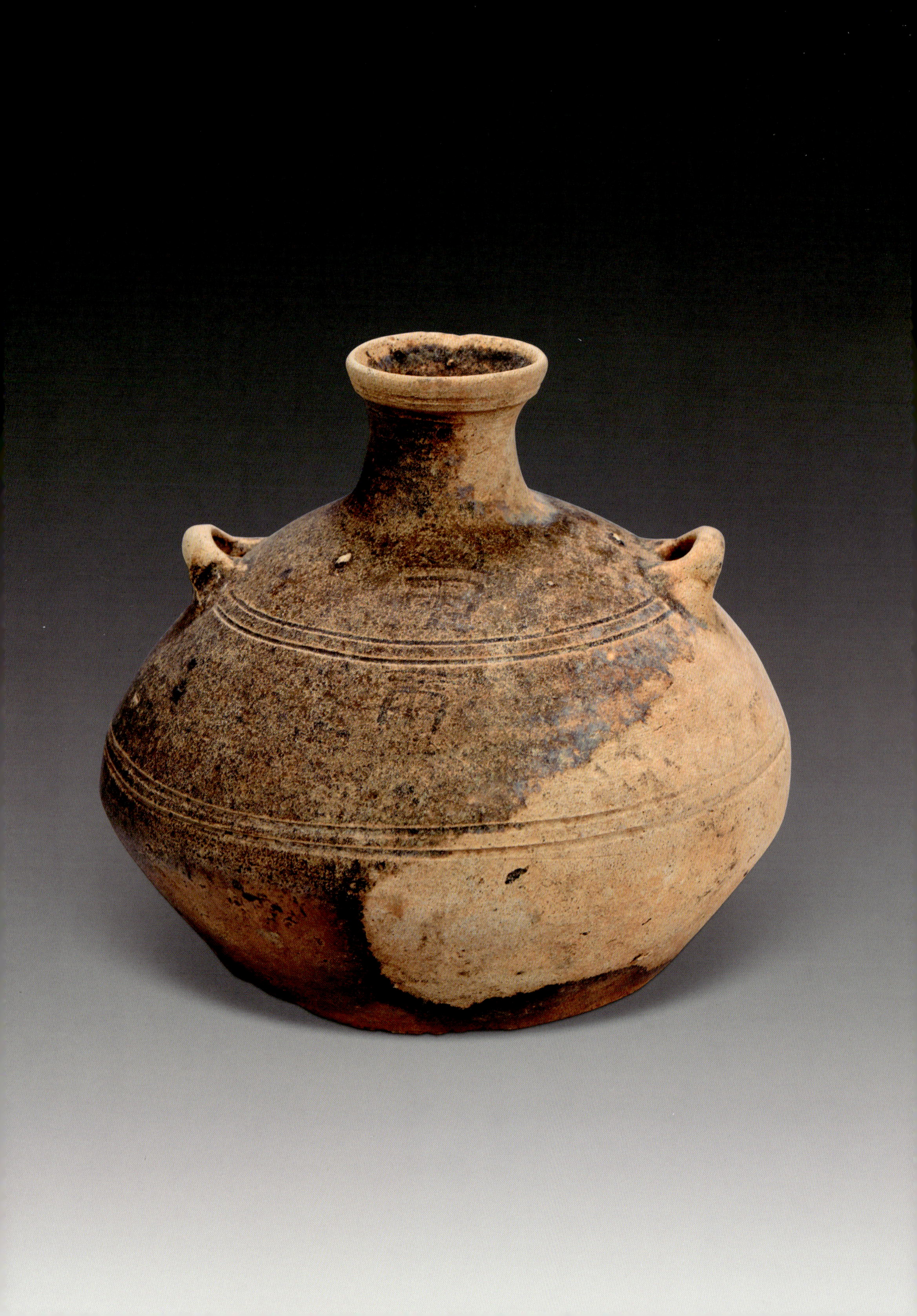

"万两"铭双耳瓶
口径 4.2 cm
腹径 15.5 cm
底径 10.5 cm
高 13.2 cm

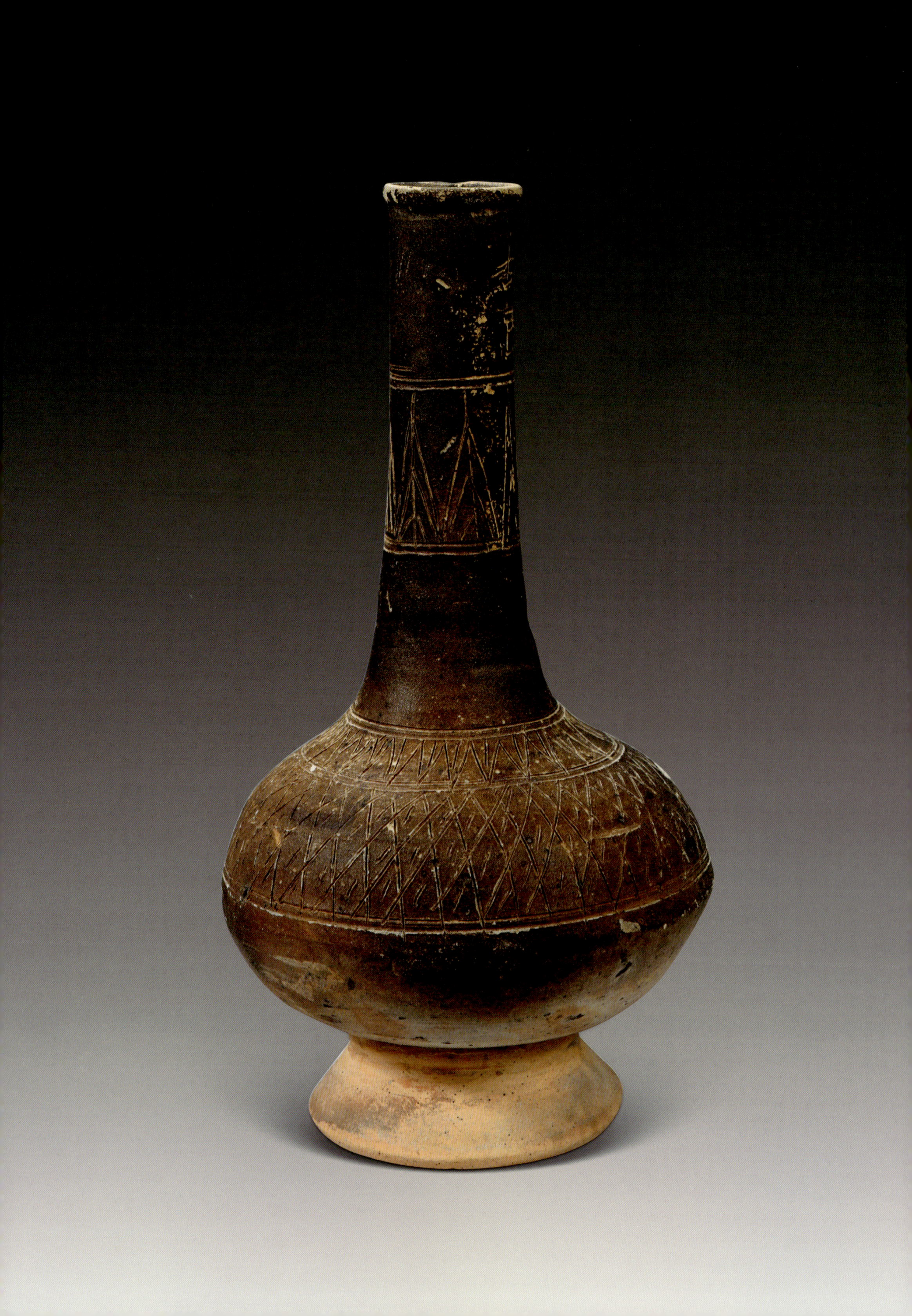

"杏门"铭长直颈瓶
口径 3.8 cm
腹径 14.3 cm
底径 9.2 cm
高 25.8 cm

太阳纹直颈瓶
口径 3.1 cm
腹径 14.6 cm
底径 9.2 cm
高 22 cm

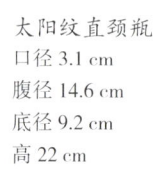

羽状纹直颈瓶
口径 4.1 cm
腹径 17.2 cm
底径 12.2 cm
高 28.5 cm

羽状三角纹直颈瓶
口径 3.5 cm
腹径 14.6 cm
底径 10 cm
高 21.9 cm

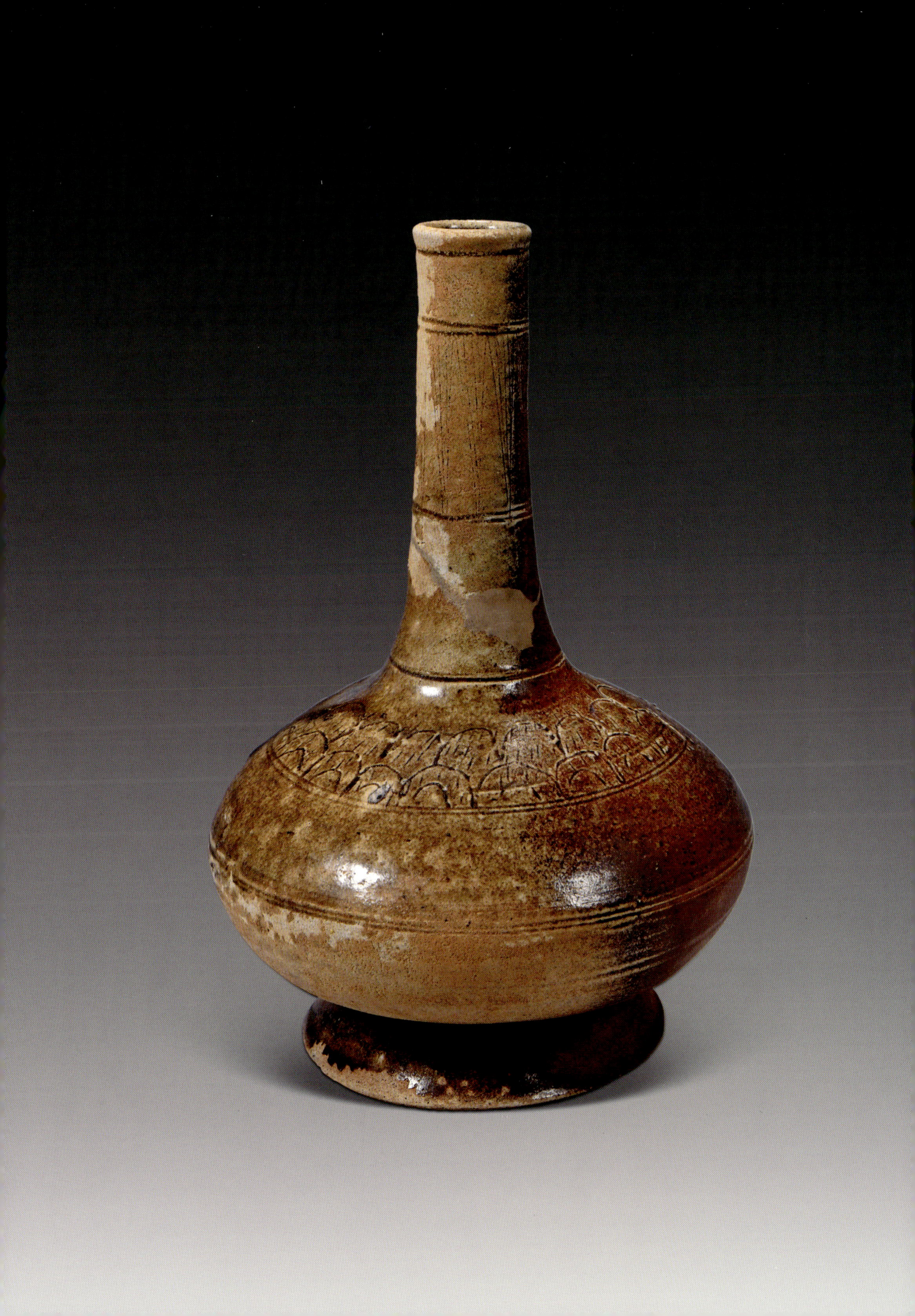

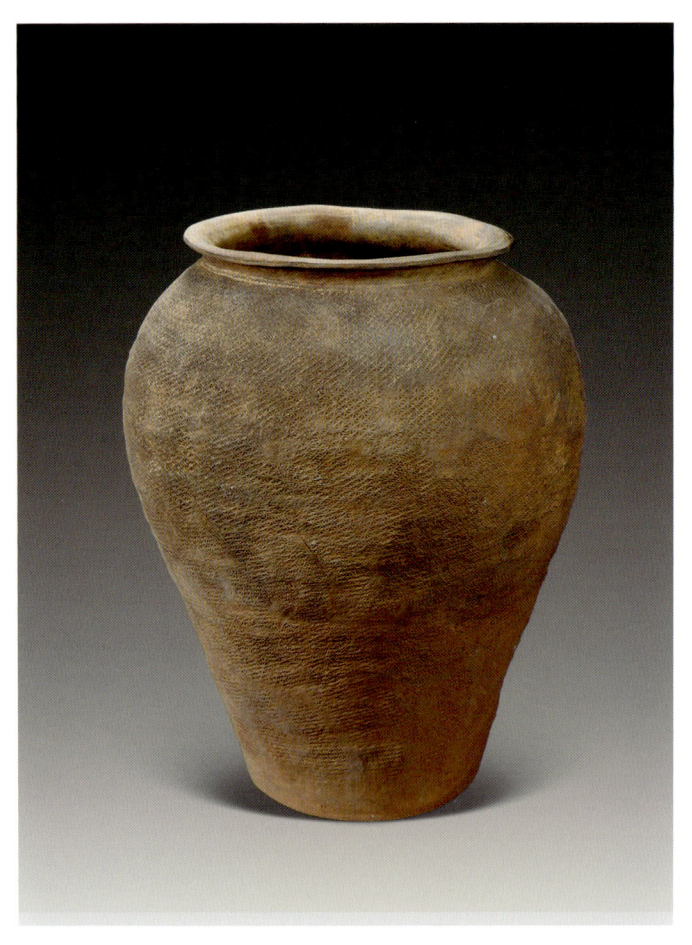

广口长腹米字纹瓮
腹径 42 cm
高 51 cm

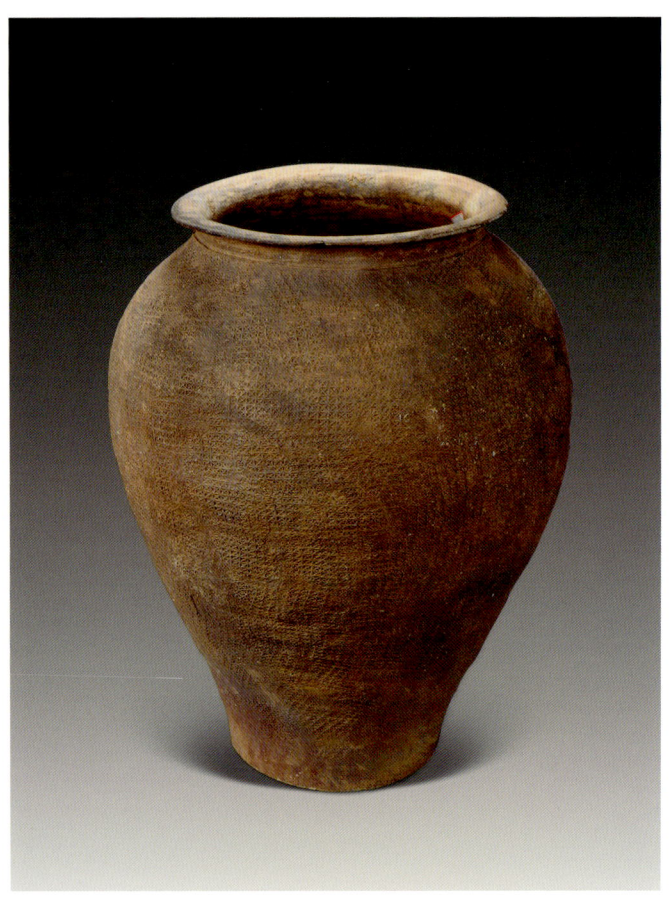

广口长腹细方格纹瓮
腹径 44 cm
高 55 cm

"同"字符号瓮
口径 31 cm
底径 22 cm
通高 57 cm

"山"字符号瓮
口径 27.7 cm
底径 21 cm
通高 48 cm

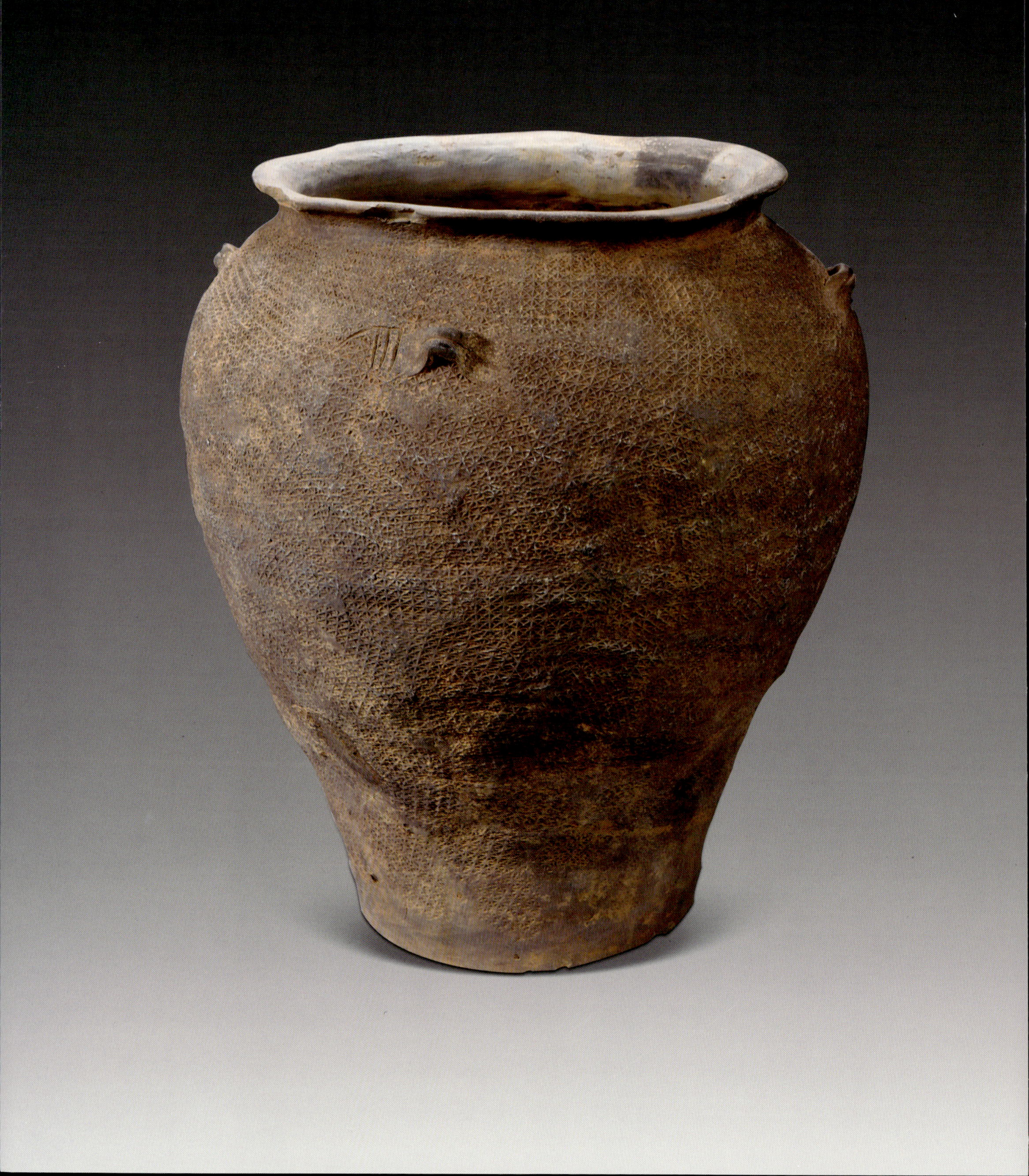

瓯骆汉风　管窥广西汉陶文化

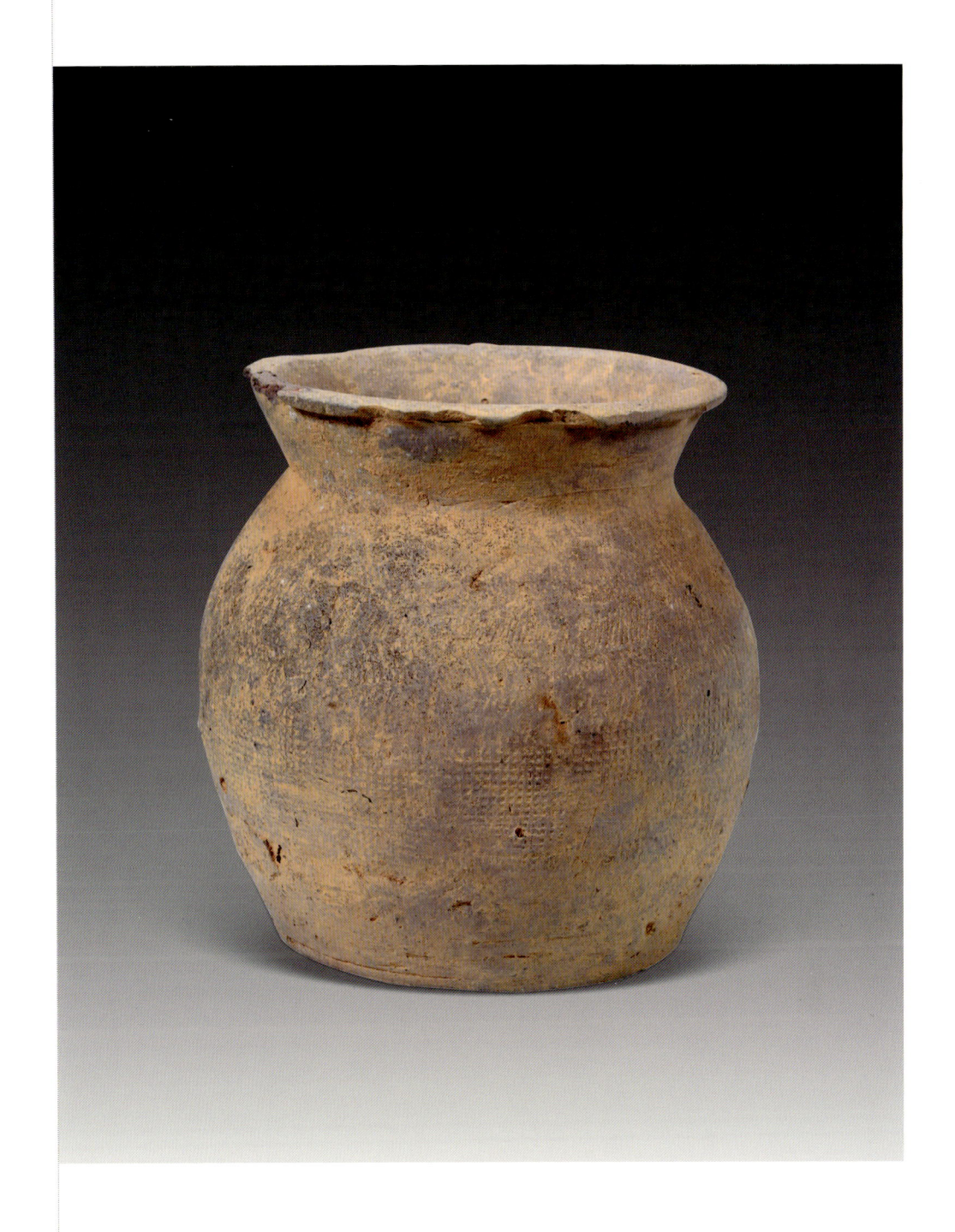

←
大口广肩双条状耳米字纹瓮
口径 26.5 cm
底径 18.5 cm
通高 42 cm

敞口束颈罐
口径 14 cm
腹径 16.5 cm
底径 10.5 cm
高 14 cm

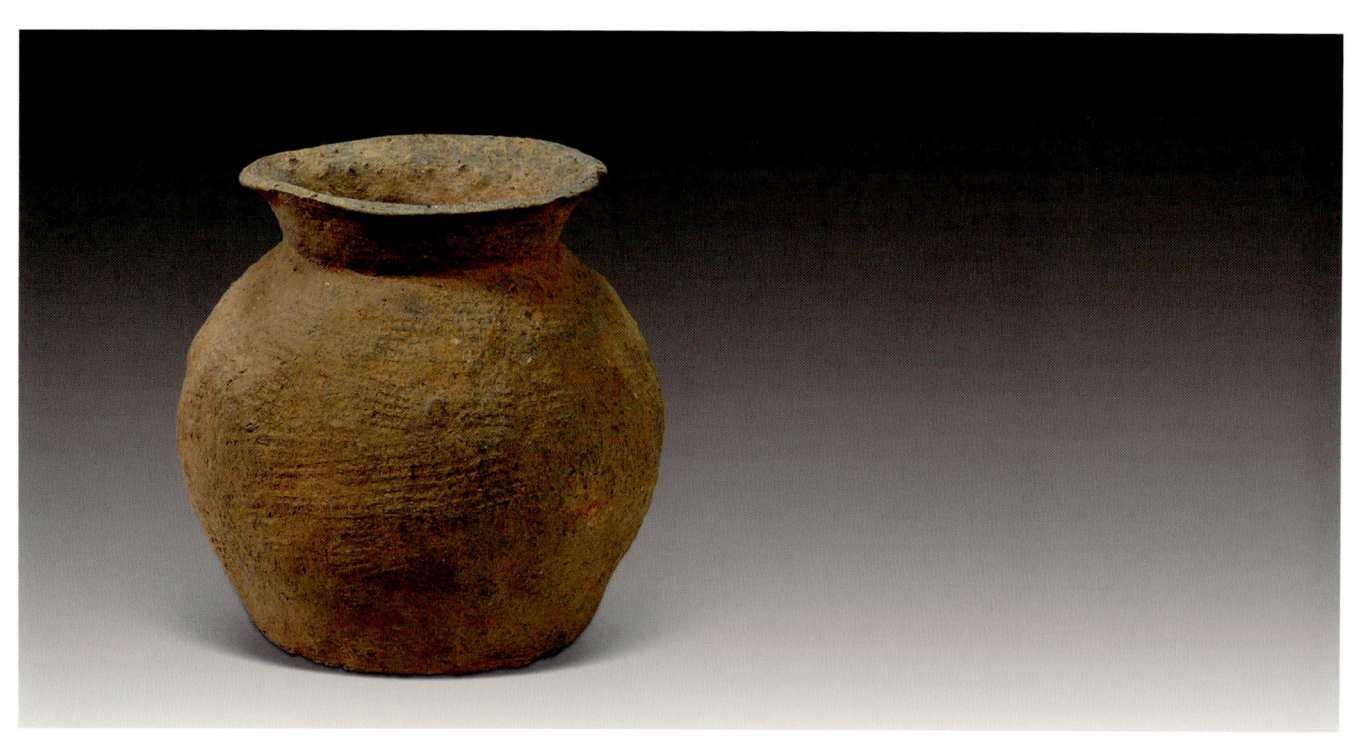

敞口束颈罐
口径 13 cm
腹径 17.5 cm
高 16.5 cm

广口方格纹圆形戳印纹罐
口径 10.6 cm
腹径 13.6 cm
底径 10.2 cm
高 11 cm

戳印方格纹罐
口径 11 cm
高 20.5 cm

戳印方格纹罐
口径 22 cm
腹径 29.5 cm
底径 18 cm
高 27.5 cm

瓯骆汉风 管窥广西汉陶文化

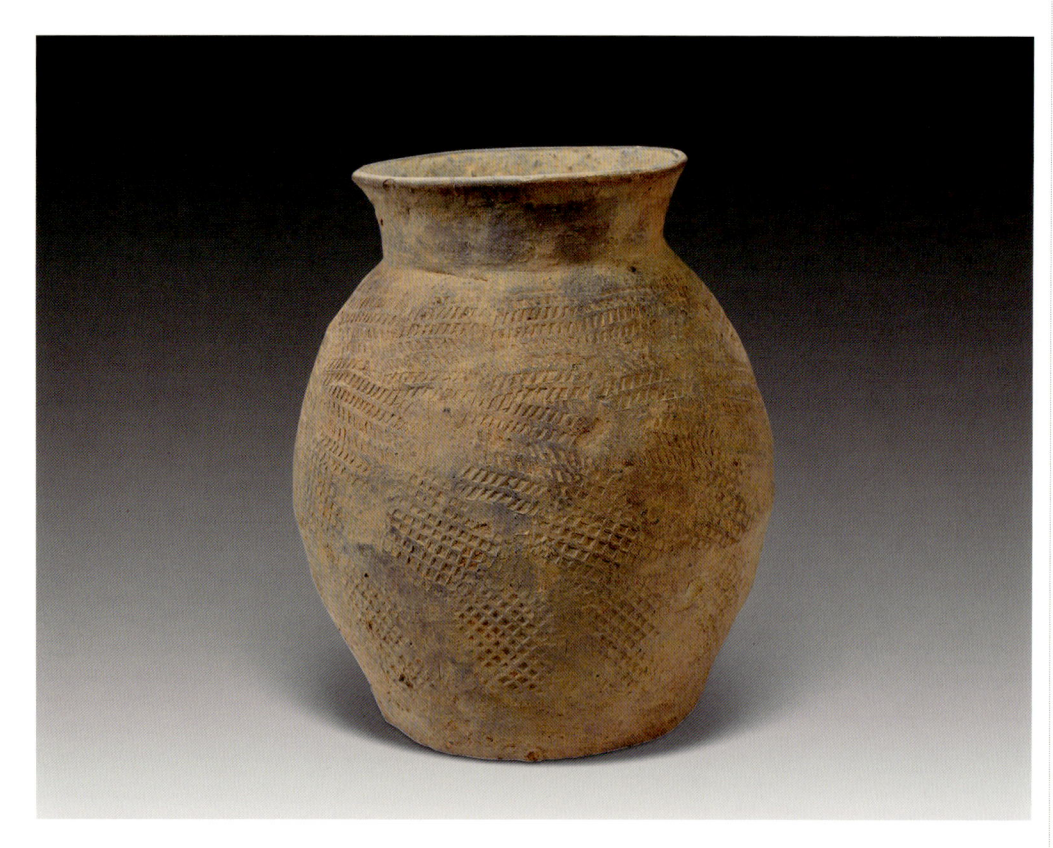

方格印纹罐
口径 14 cm　高 23 cm

方格纹罐
口径 14.5 cm　高 16.7 cm

→
敞口圆腹青瓷罐
口径 12 cm
腹径 15 cm
底径 8.8 cm
高 11.6 cm

瓯骆汉风　官窑广西汉陶文化

瓯骆汉风　馆藏广西汉陶文化

直唇双耳罐
口径 8 cm
高 12.7 cm

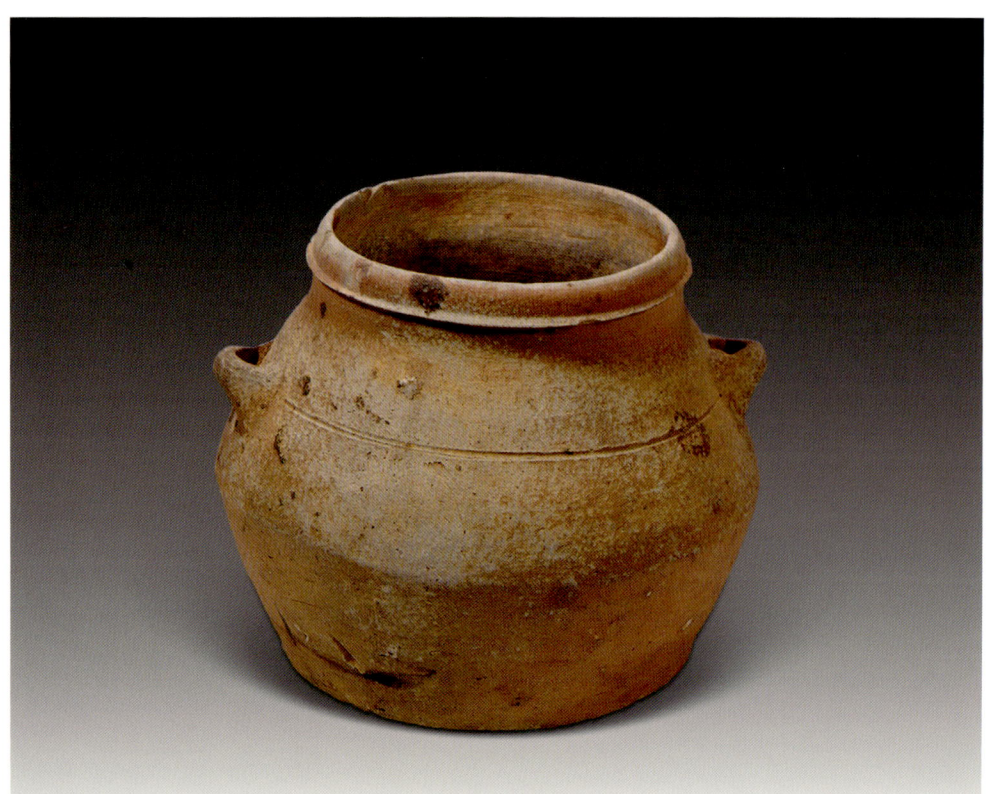

→
小口双耳釉陶罐
口径 6.3 cm
高 20 cm

双唇双耳罐
口径 8.8 cm
腹径 13 cm
高 10.5 cm

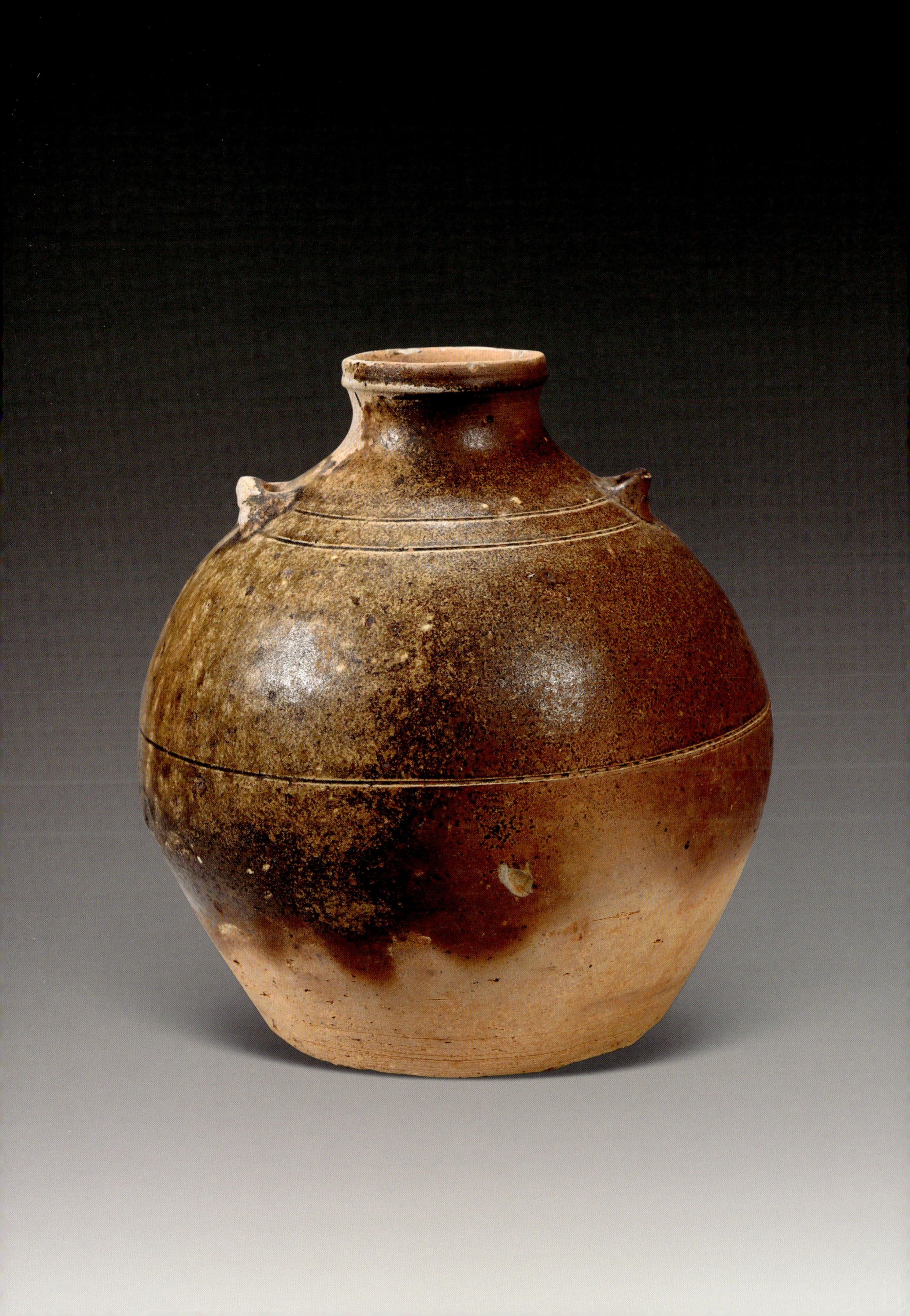

小口双耳罐
口径 4.2 cm
高 10.9 cm

桥纽盖双耳水波纹罐
口径 9 cm
腹径 13.5 cm
高 11 cm

瓯骆汉风 官窥广西汉陶文化

四耳釉陶罐
口径 14.1 cm
高 16 cm

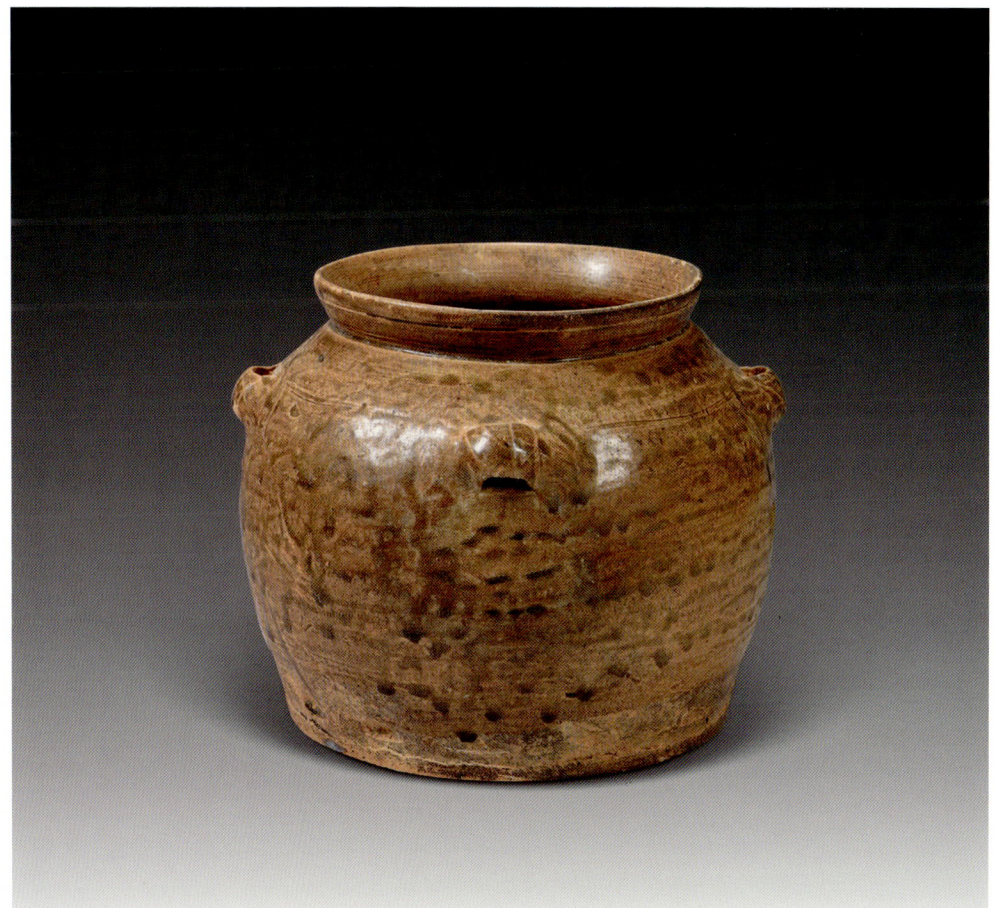

敞口四耳罐
口径 14 cm
腹径 19.8 cm
底径 16.4 cm
高 15.9 cm

瓯骆汉风 常窥广西汉陶文化

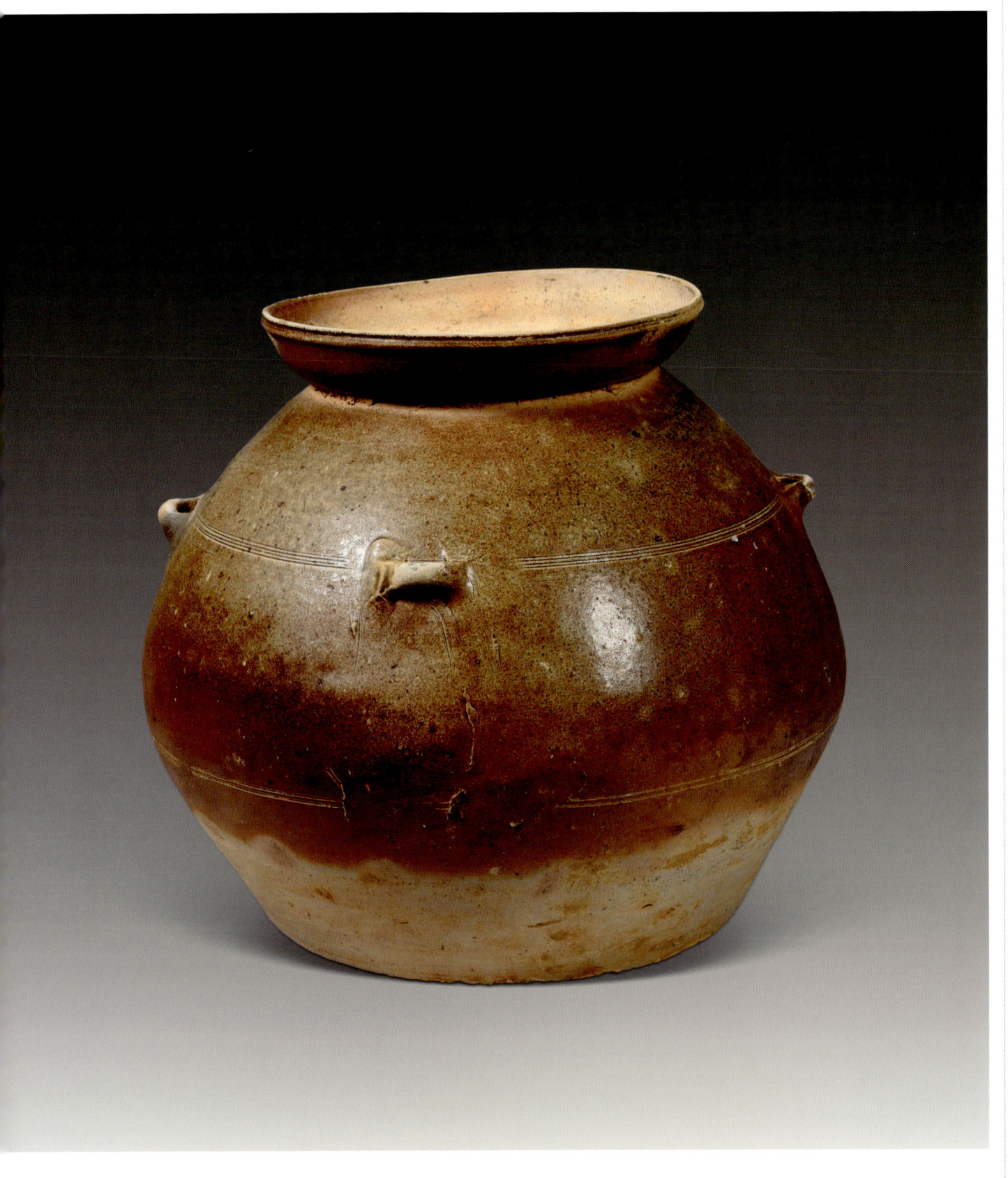

敞口四耳罐
口径 12.8 cm
腹径 16.1 cm
底径 12 cm
高 15.2 cm

← 敛口四耳釉陶罐
口径 17.5 cm
高 24 cm

四耳划纹罐
口径 10.4 cm
腹径 22.2 cm
底径 13 cm
高 20.5 cm

桥纽盖四耳罐
口径 8.6 cm
腹径 15.8 cm
底径 10.7 cm

瓯骆汉风　管窥广西汉陶文化

片纽盖双耳直身罐
口径 8.7 cm
高 18.4 cm

双耳直身罐
口径 9 cm
底径 13.5 cm
高 13 cm

带盖直身罐
口径 9 cm
腹径 14.3 cm
高 19 cm

双耳直身盖罐
口径 9.3 cm
腹径 13.8 cm
高 17 cm

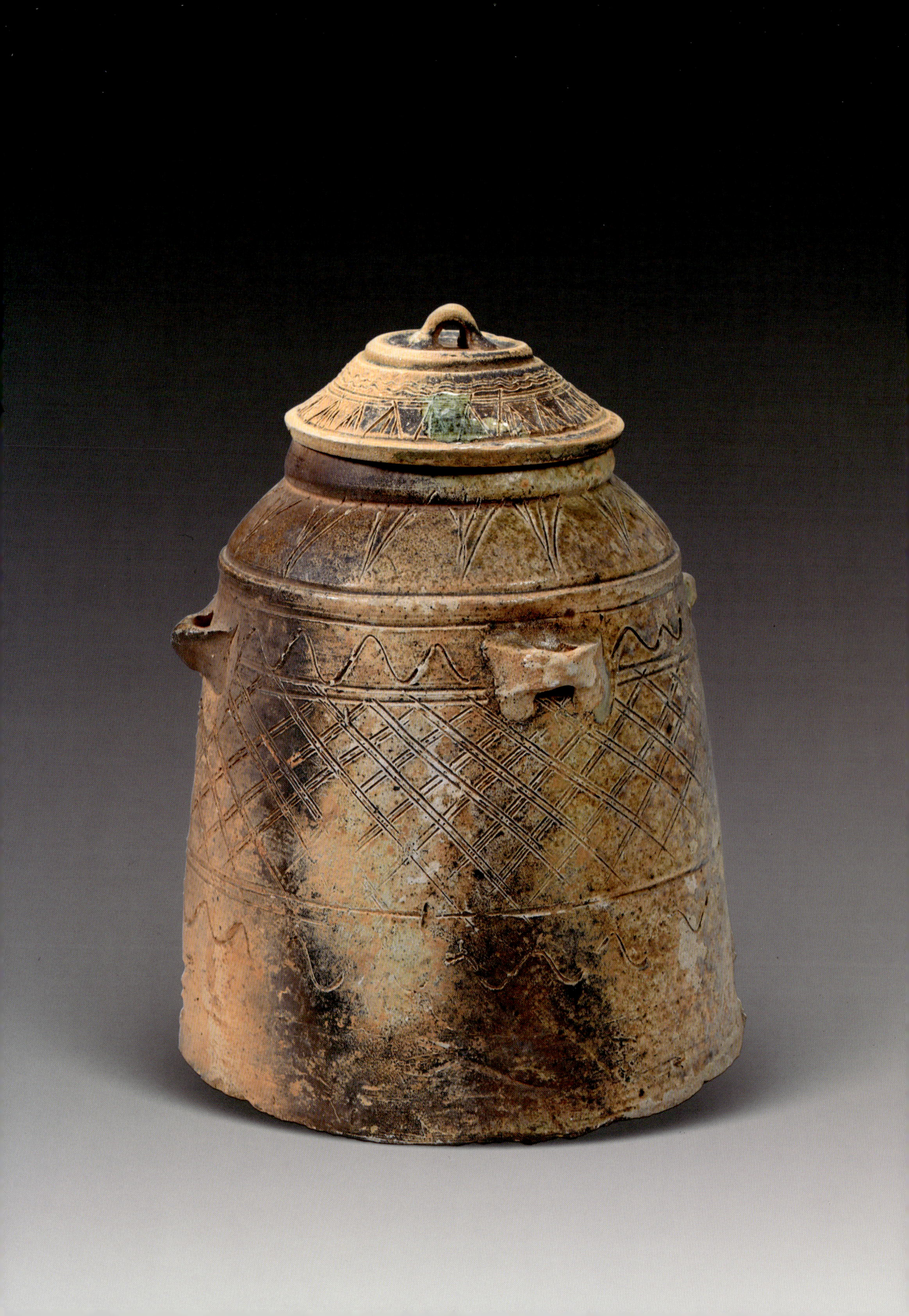

瓯骆汉风 管窥广西汉陶文化

瓦纹三足罐
口径 5.5 cm
腹径 14.2 cm
高 9.8 cm

釉陶网纹三足盂
口径 9.6 cm
腹径 11.5 cm
高 7.6 cm

←
四耳直身罐
口径 9.7 cm
高 24.8 cm

弦纹四足四联罐
长 19.7 cm
宽 19.5 cm
高 9.5 cm

篦纹四联罐
长 19.5 cm
宽 10.3 cm
高 9.5 cm

瓯骆汉风 管窥广西汉陶文化

平底五联罐
长 20 cm
宽 19.7 cm
高 9.7 cm

四足五联罐
长 20 cm
宽 20 cm
高 9.7 cm

119

象鼻纽弦纹瓿
口径 12 cm
腹径 21.8 cm
高 10.6 cm

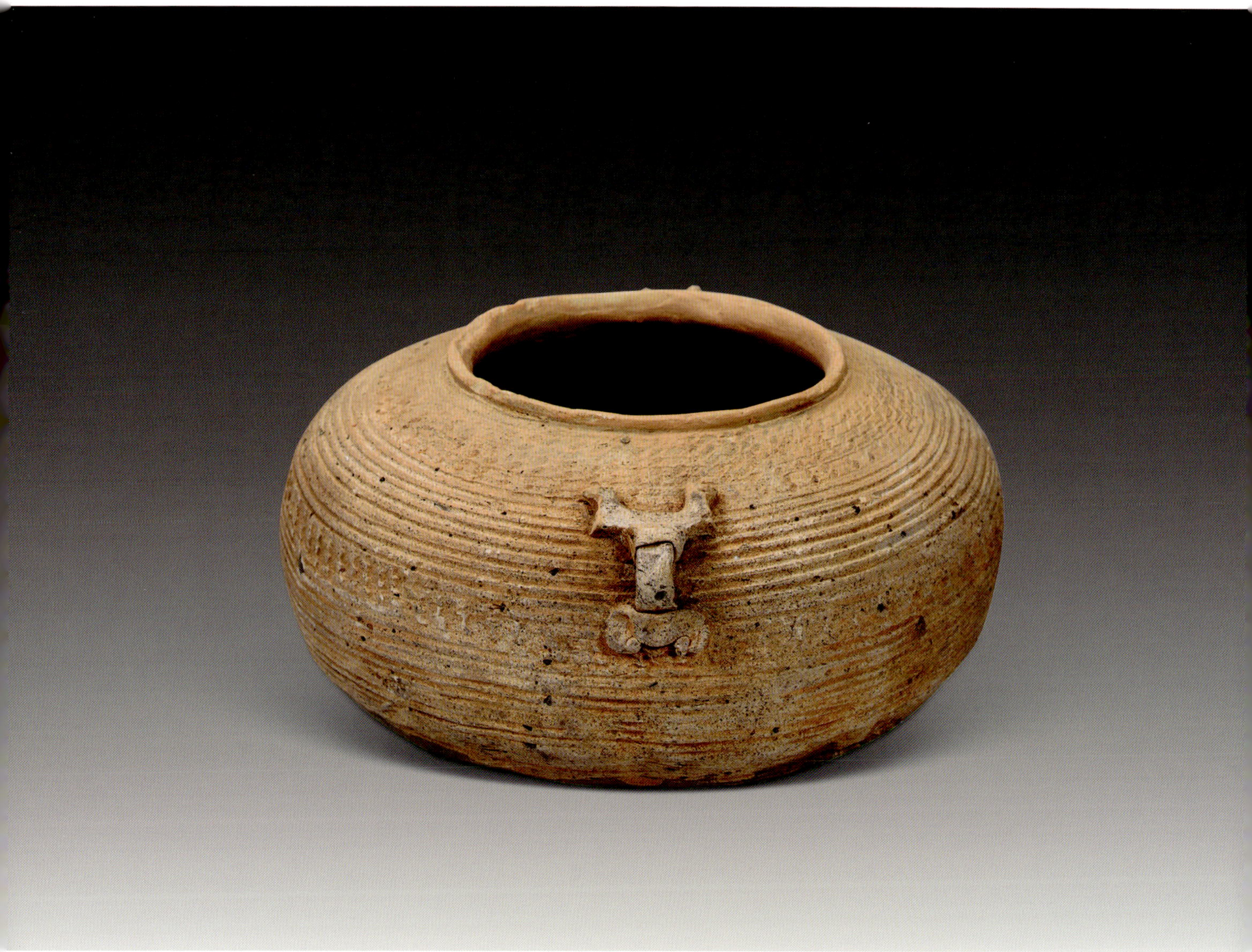

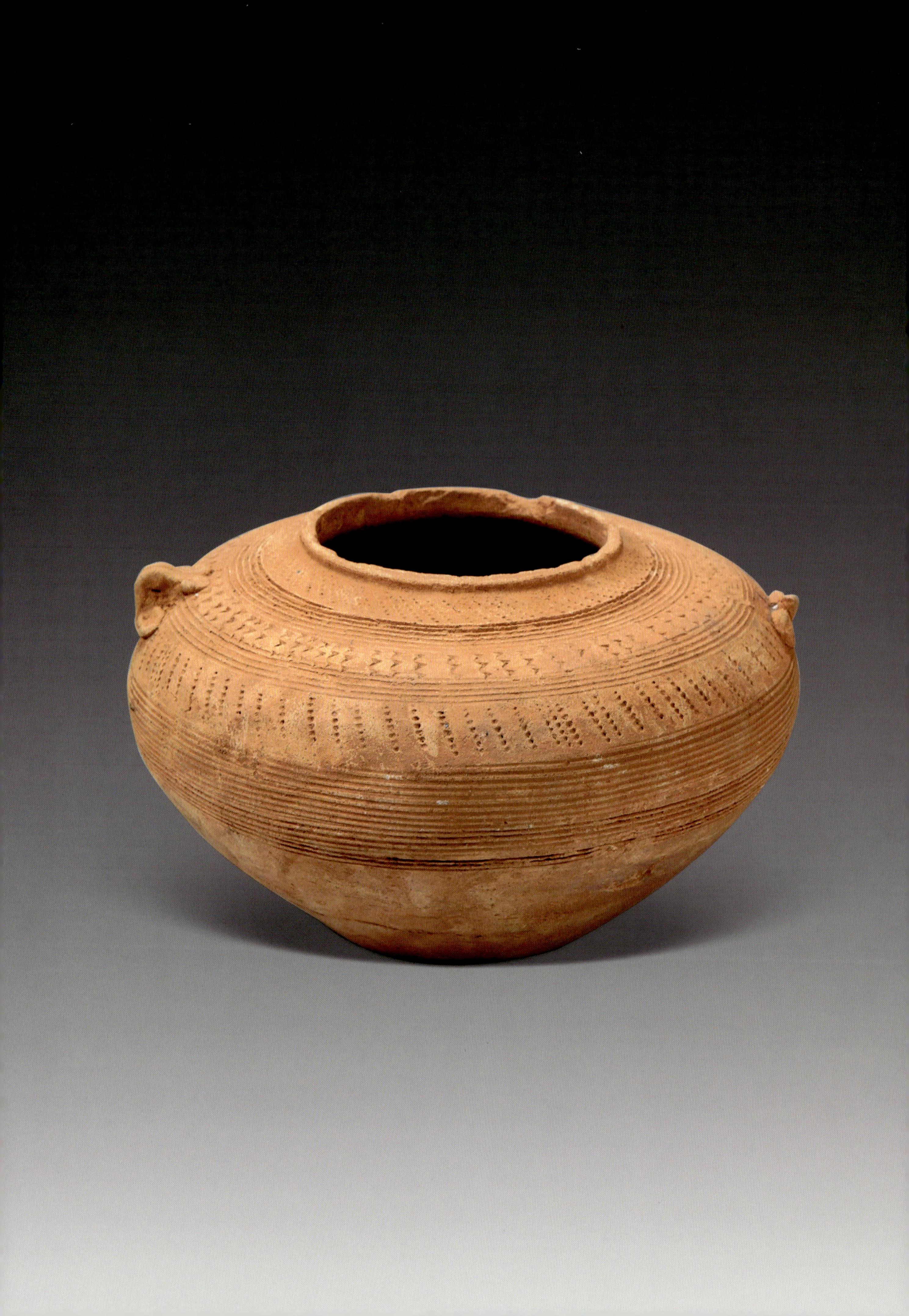

瓯骆汉风 管窥广西汉陶文化

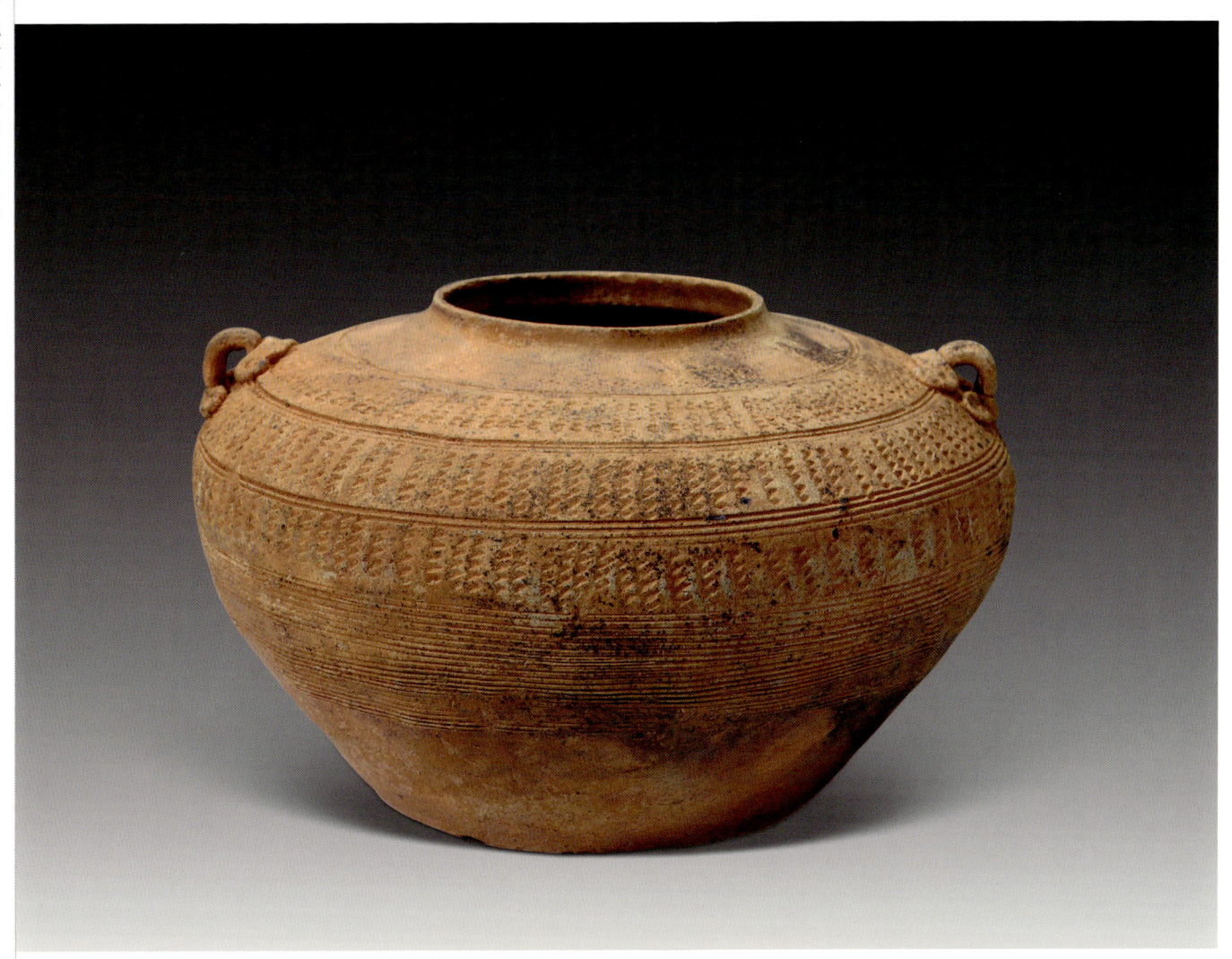

←
象鼻纽刻文瓿
口径 9.9 cm
腹径 20.7 cm

小口象鼻纽波纹瓿
口径 9.9 cm
腹径 20.7 cm

带盖象鼻纽水波纹瓿
口径 4.5 cm
腹径 23.7 cm
底径 8.4 cm
高 13.2 cm

瓯骆汉风　管窥广西汉陶文化

瓯骆汉风　管窥广西汉陶文化

盒形簋
口径 21.4 cm
底径 14.1 cm
高 17.3 cm

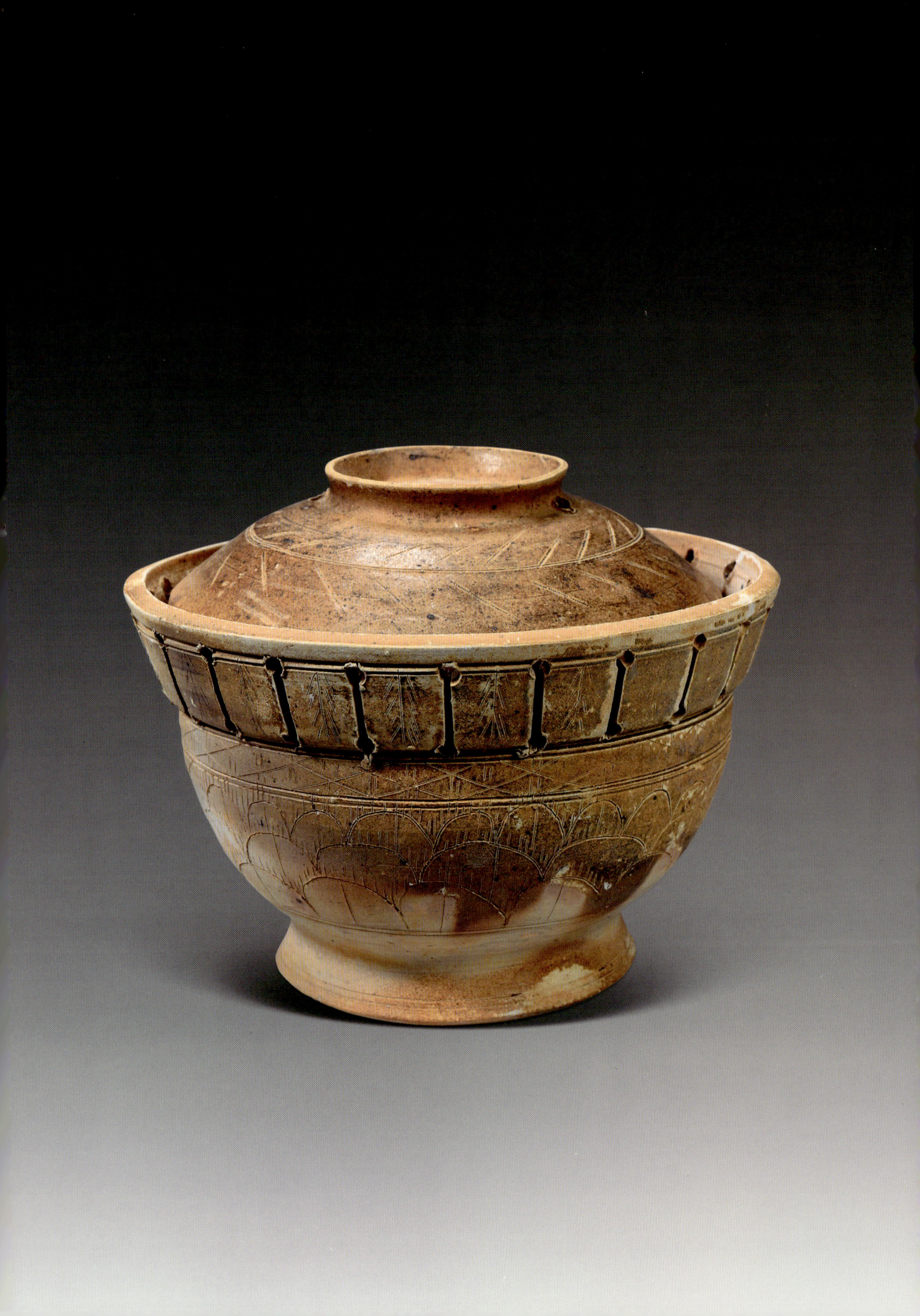

羽狀葉脈紋簋
口徑 25.2 cm
底徑 14.8 cm
高 19.6 cm

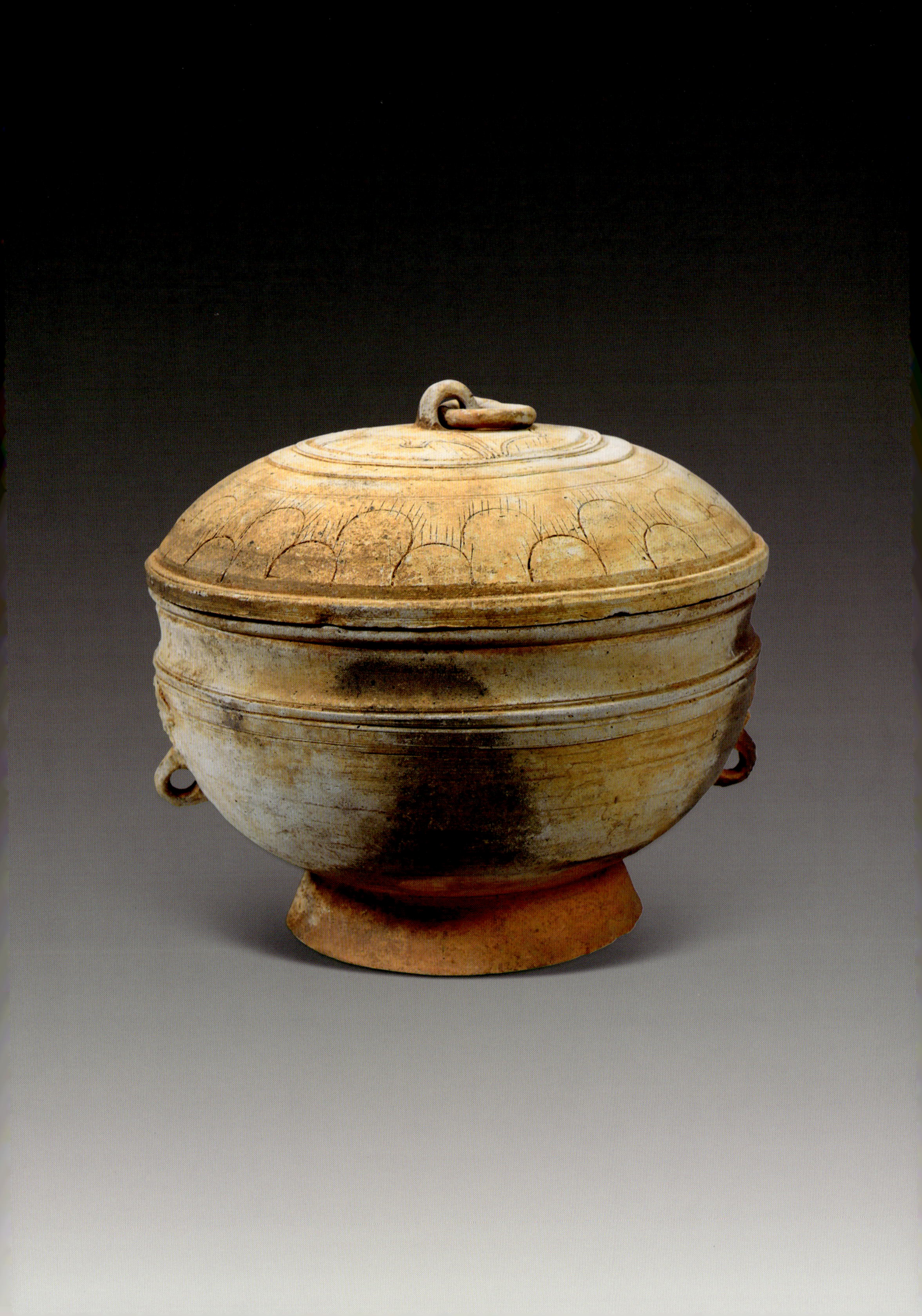

羽状纹铺首碗形簋
口径 22.8 cm
底径 13.5 cm
高 20 cm

羽状纹镂圆孔簋
口径 21.4 cm
腹径 19.7 cm
底径 13.2 cm
高 17.3 cm

方格水波纹簋
口径 25.8 cm
腹径 22.6 cm
底径 15 cm
高 24.8 cm

带盖直领釜
口径 9 cm
腹径 16.5 cm
底径 5.4 cm
高 10.5 cm

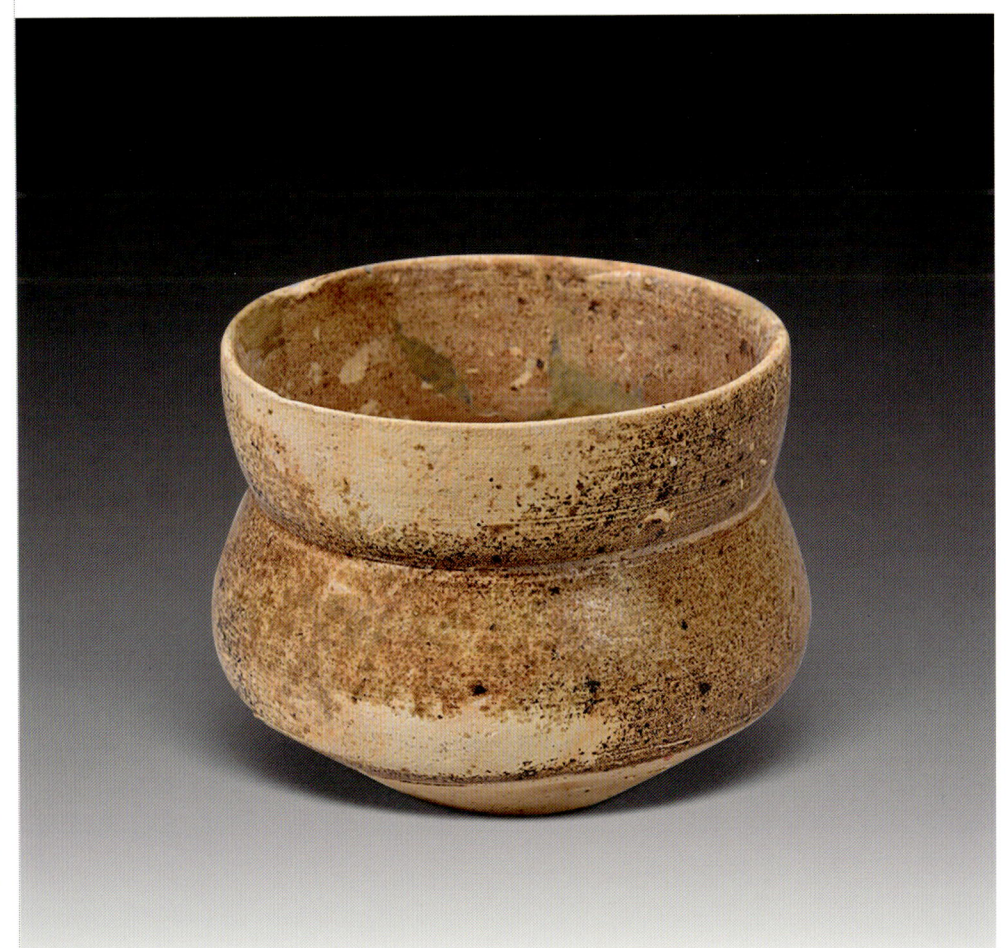

直领折腰釜
口径 10.9 cm
腹径 10.9 cm
底径 6.5 cm
高 8.3 cm

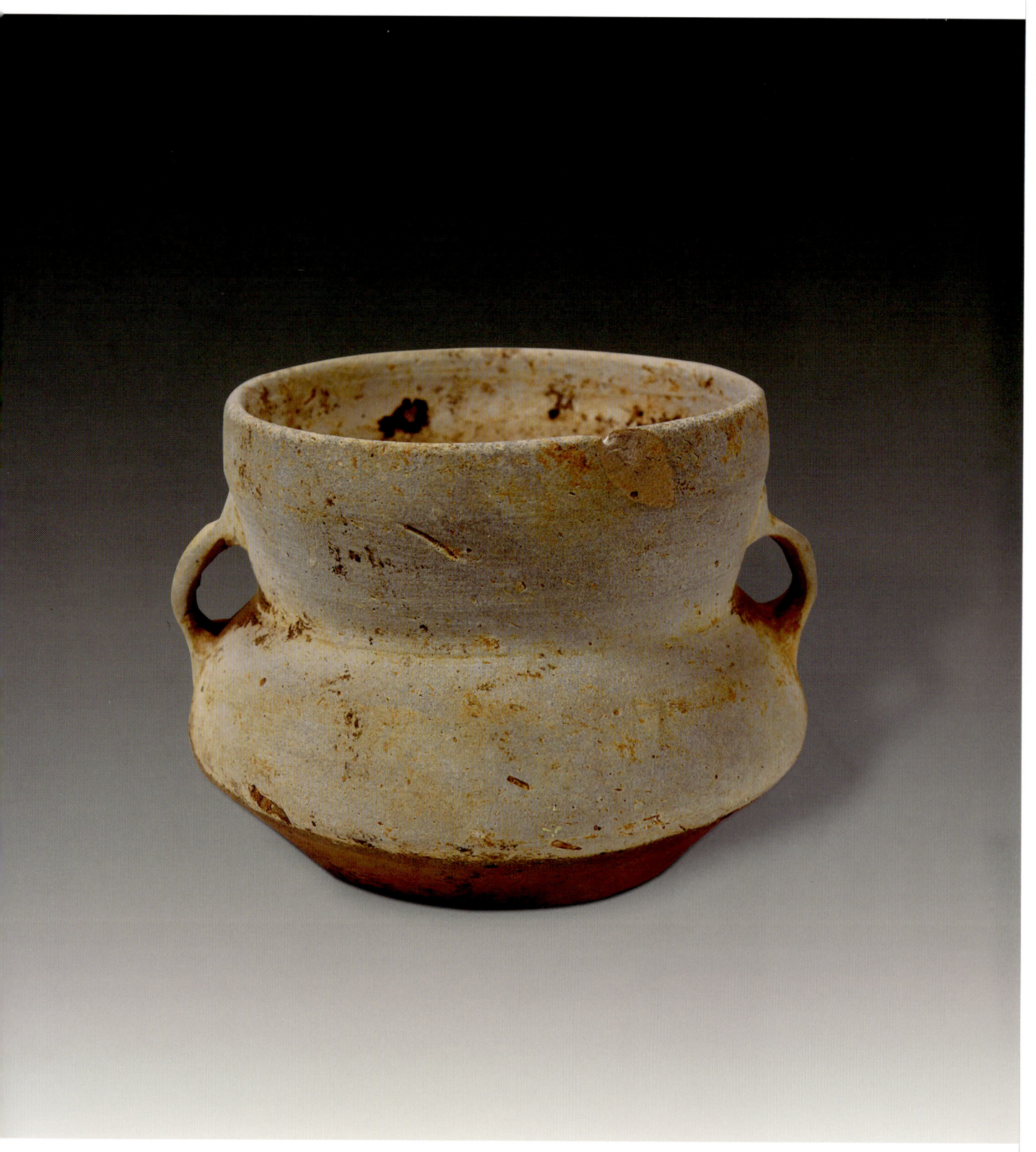

直口双耳釜
口径 7.9 cm
腹径 9 cm
底径 5.3 cm
高 6.7 cm

笠盖蹄足樽
口径 15.7 cm
腹径 17.7 cm
高 22.8 cm

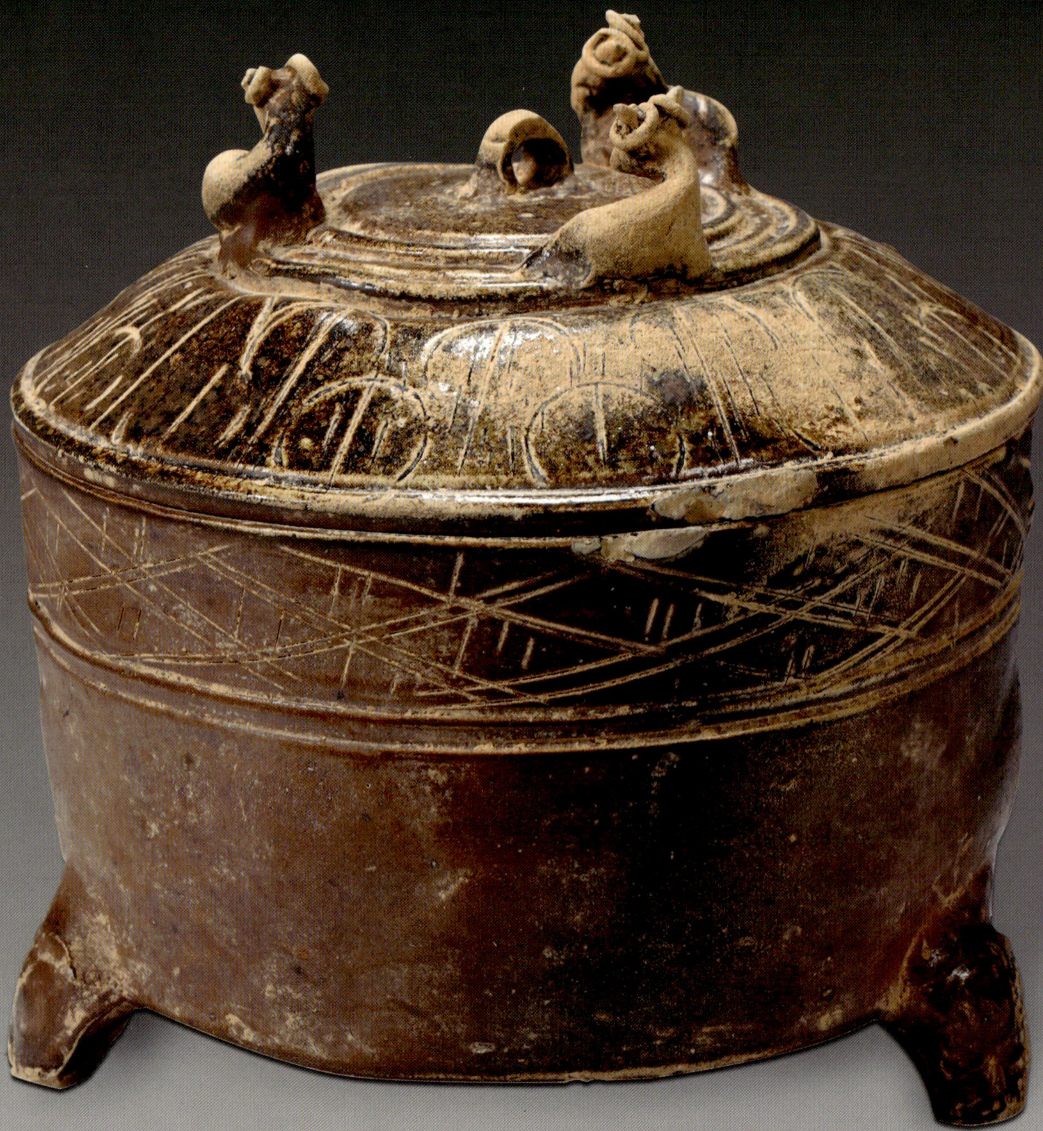

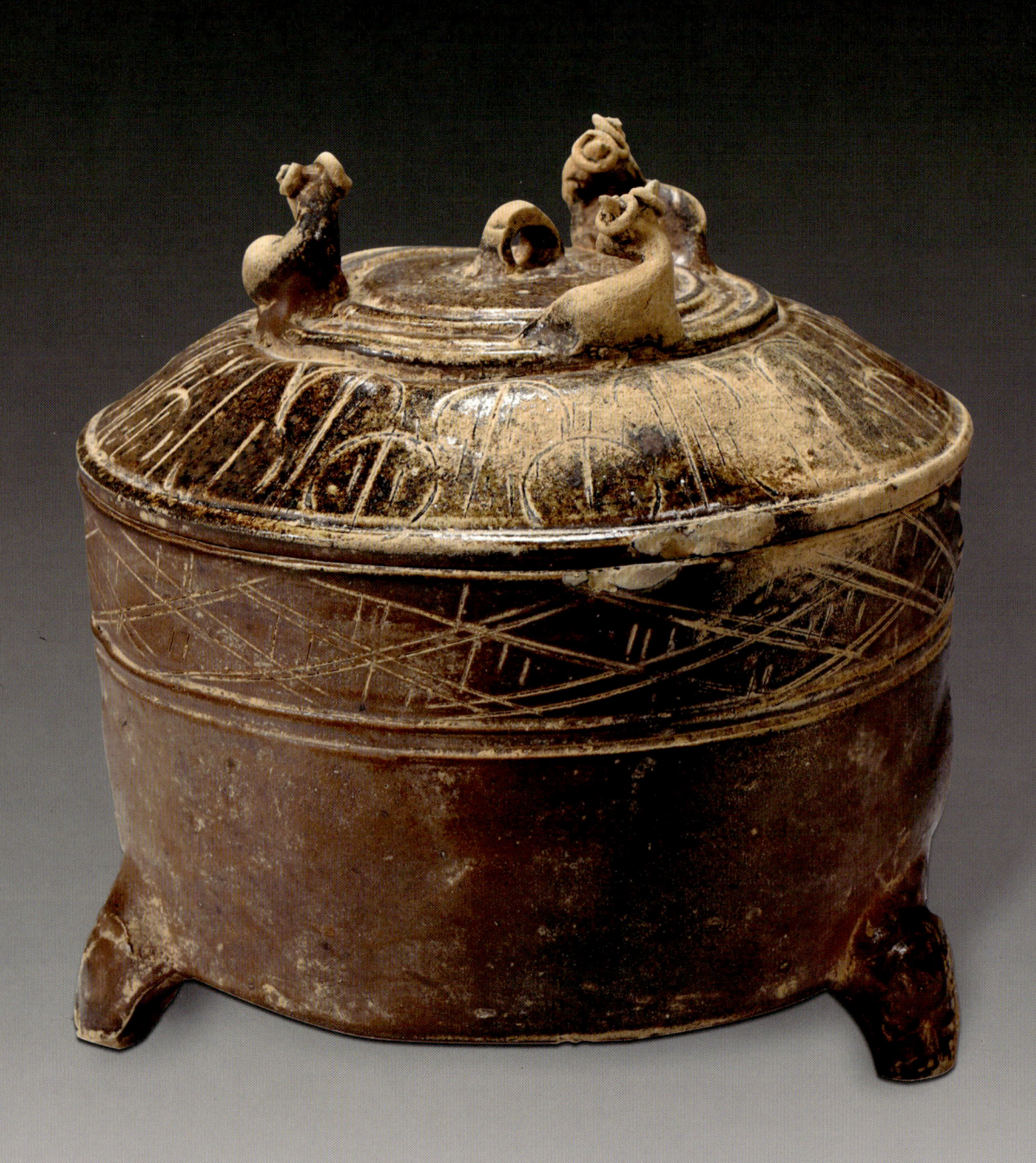

三羊纽盖矮足樽
口径 7.4 cm
高 17.8 cm

铺首弦纹樽
口径 17.3 cm
高 22 cm

铺首熊兽足樽
口径 17.3 cm
腹径 19.8 cm
高 19.5 cm

三羊纽盖蹄足樽
口径 17.8 cm
高 20.2 cm

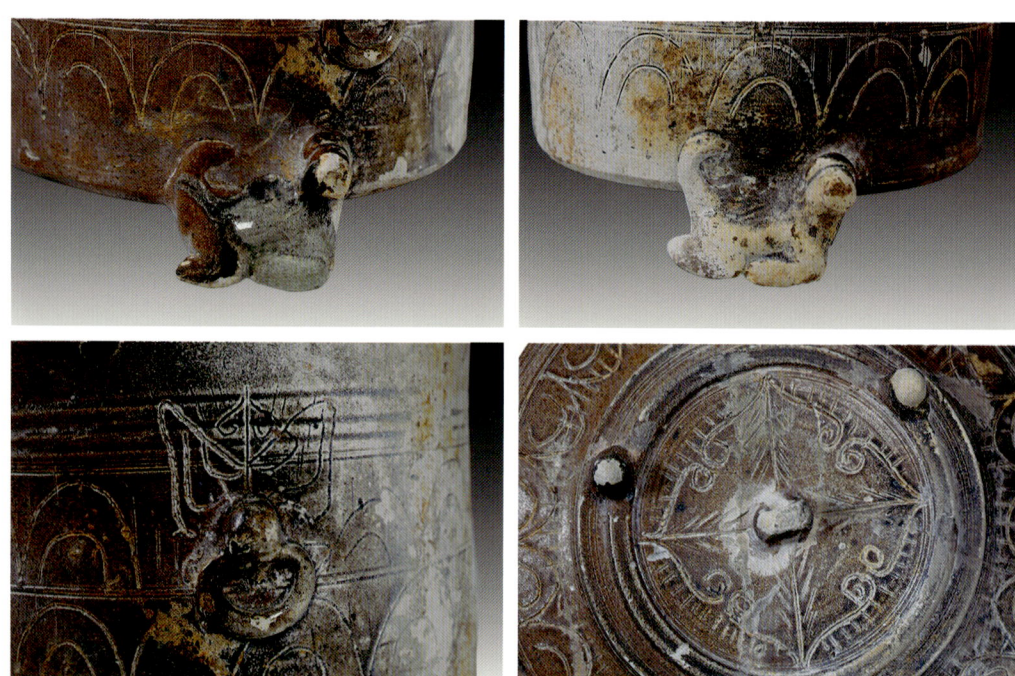

柿蒂纹盖铺首卧兽足樽
口径 17.8 cm
高 18.5 cm

瓯骆汉风　管窥广西汉陶文化

天鸡顶盖铺首熊足樽
口径 20.4 cm
高 33.4 cm

刻划纹熊足樽
口径 18 cm
高 15 cm

瓯骆汉风 管窥广西汉陶文化

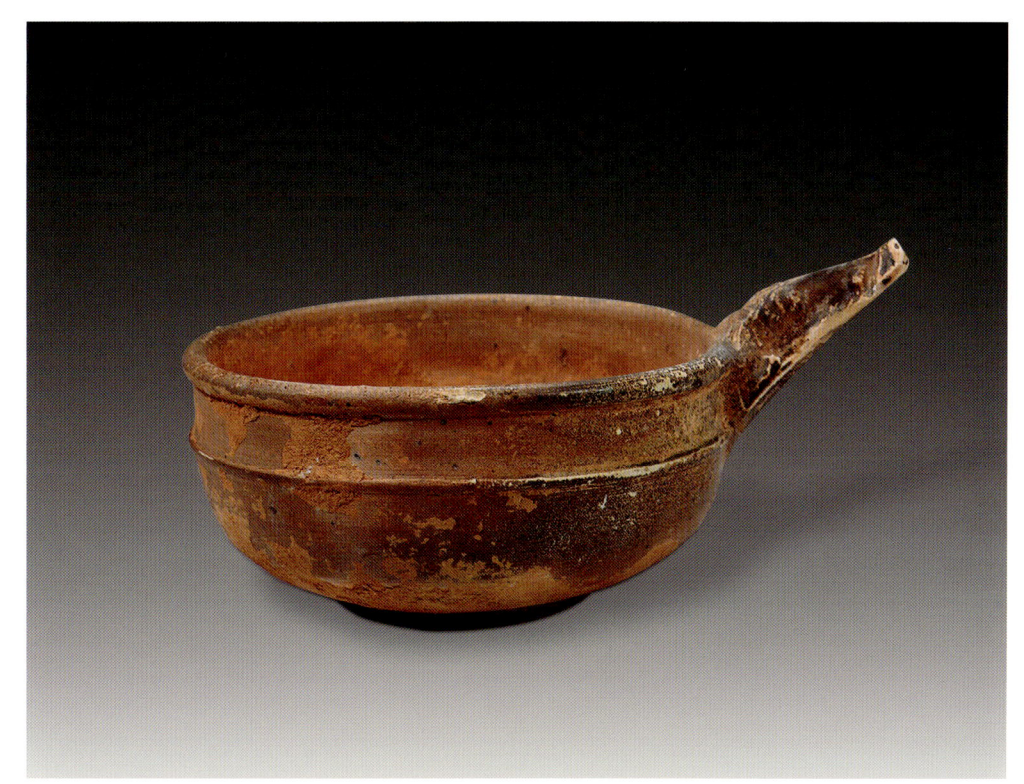

龙首柄深腹魁
口径 14 cm
高 9 cm

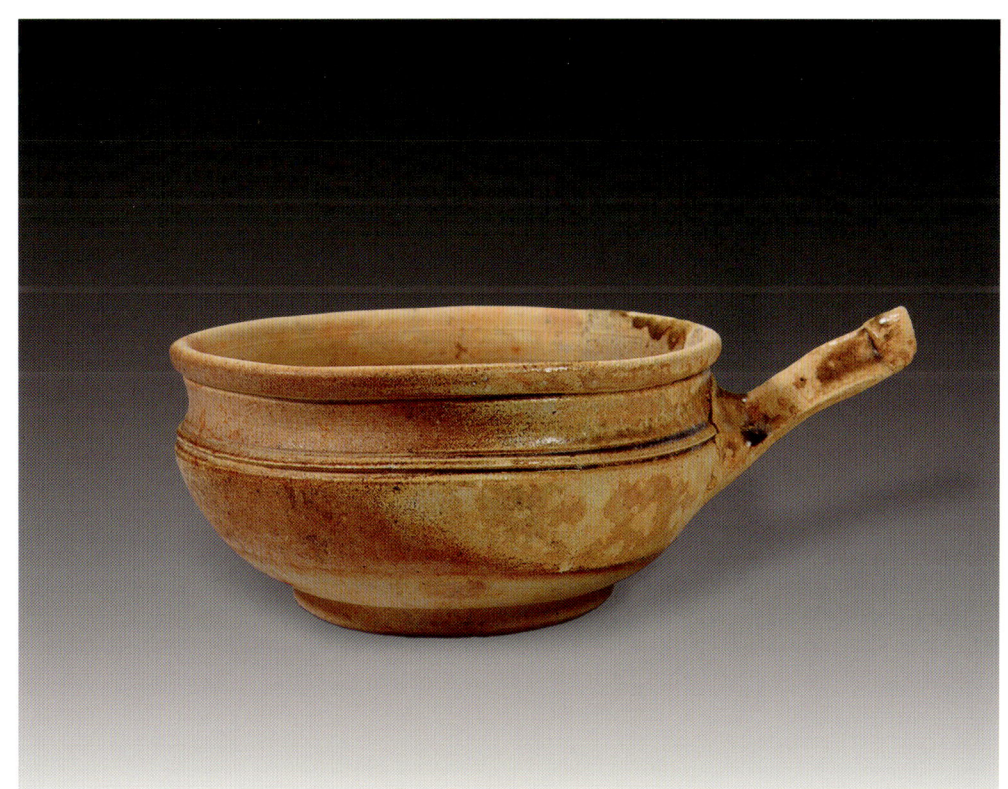

龙首柄束颈魁
口径 14.4 cm
高 6.8 cm

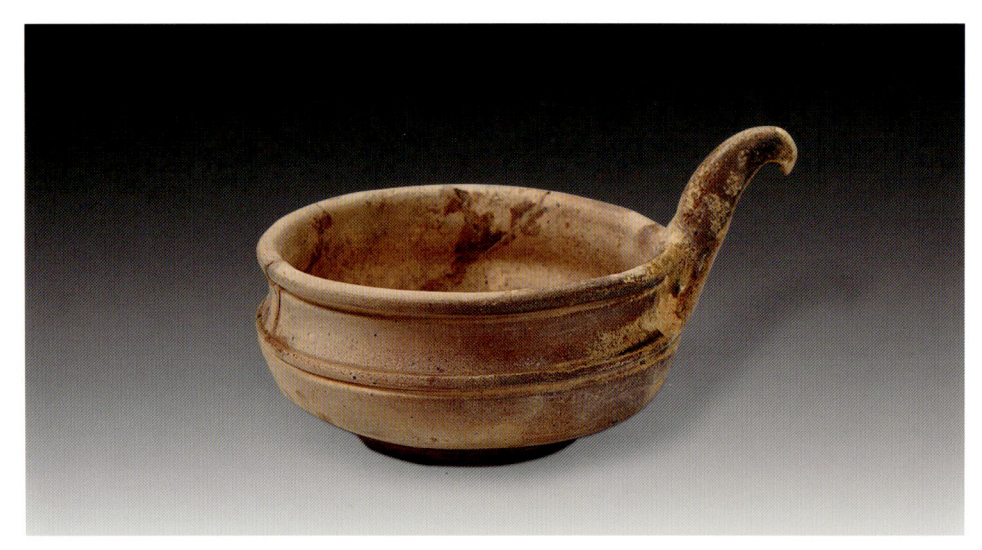

勾柄束颈魁
口径 13.6 cm
高 6.3 cm

圆柄束颈魁
口径 14.7 cm
高 6.8 cm

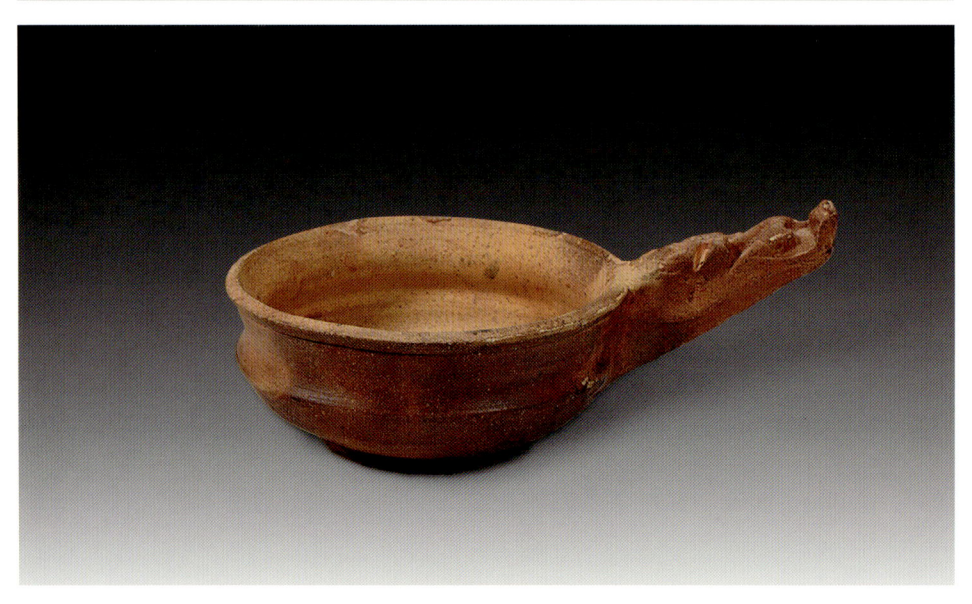

龙首柄深腹魁
口径 16.2 cm
高 8.4 cm

瓯骆汉风 管窥广西汉陶文化

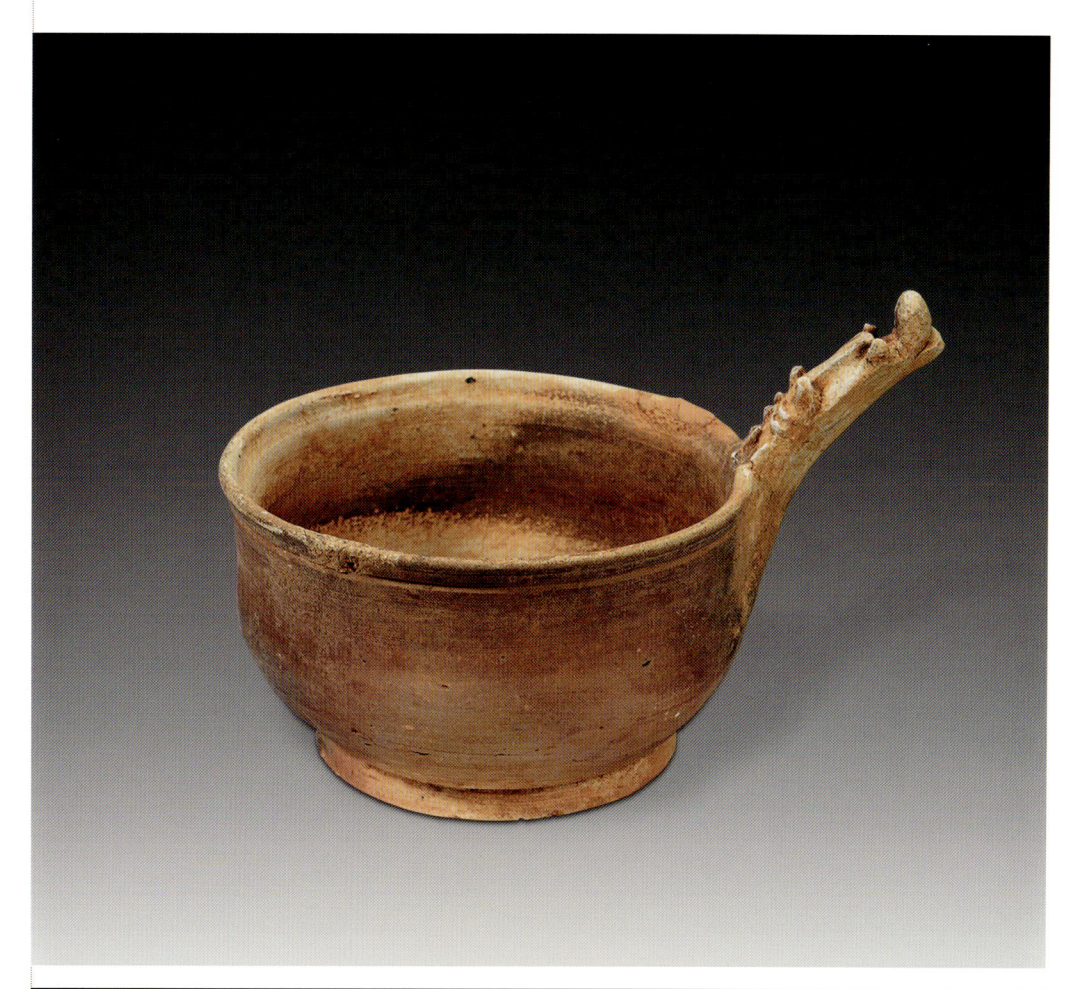

龙头短柄魁
口径 14.4 cm
高 6.4 cm

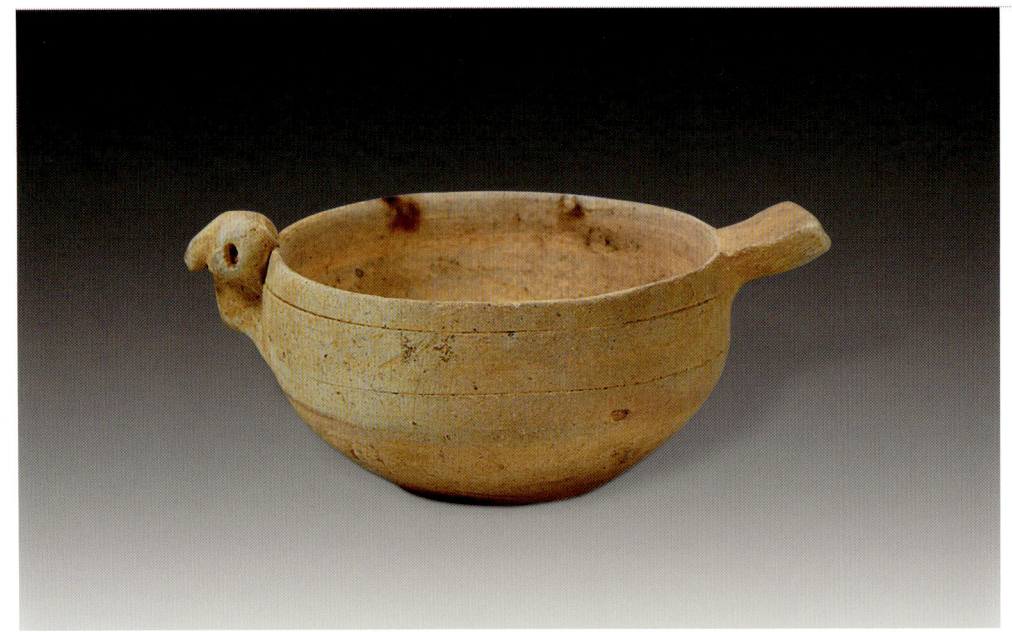

鸟形深腹平底魁
口径 7.9 cm
高 4.6 cm

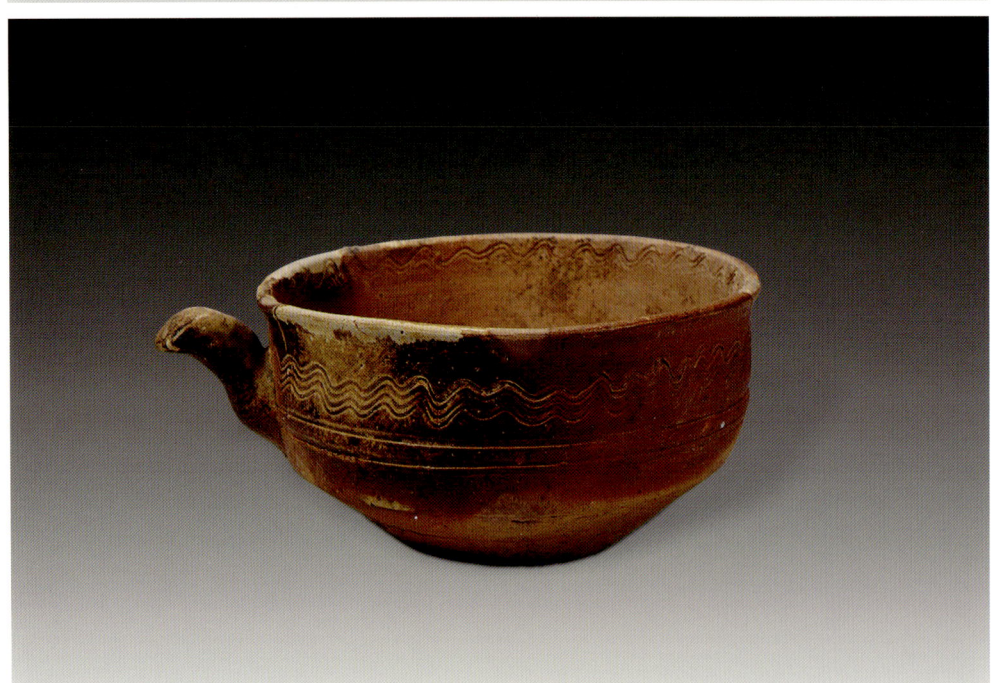

勺柄平底魁
口径 14.8 cm
高 7.5 cm

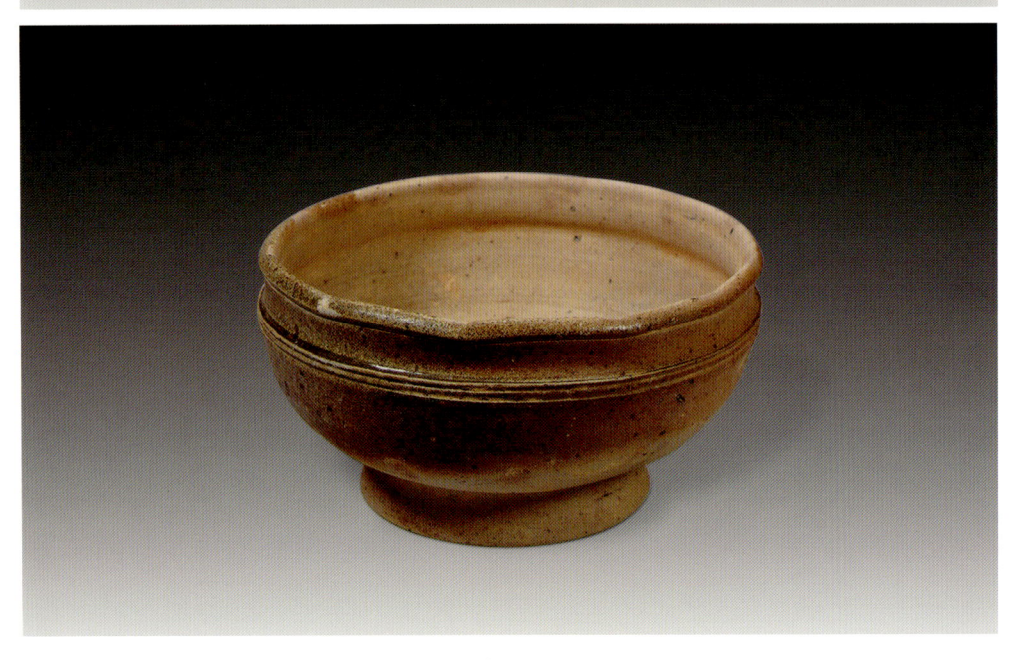

敞口圈足碗
口径 20.3 cm
高 10.5 cm

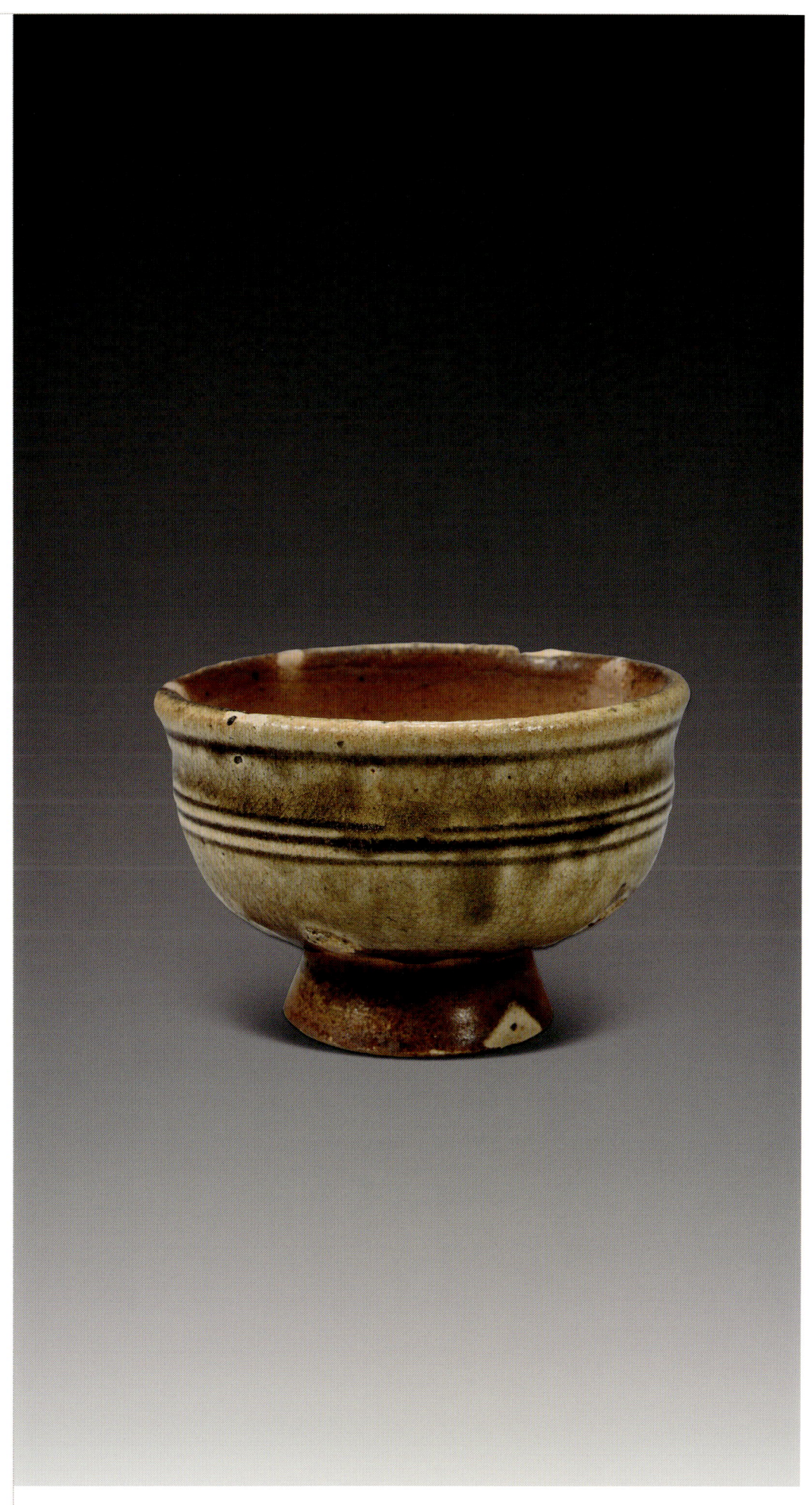

敞口深腹弦纹圈足碗
口径 12 cm
高 7.8 cm

瓯骆汉风　馆藏广西汉陶文化

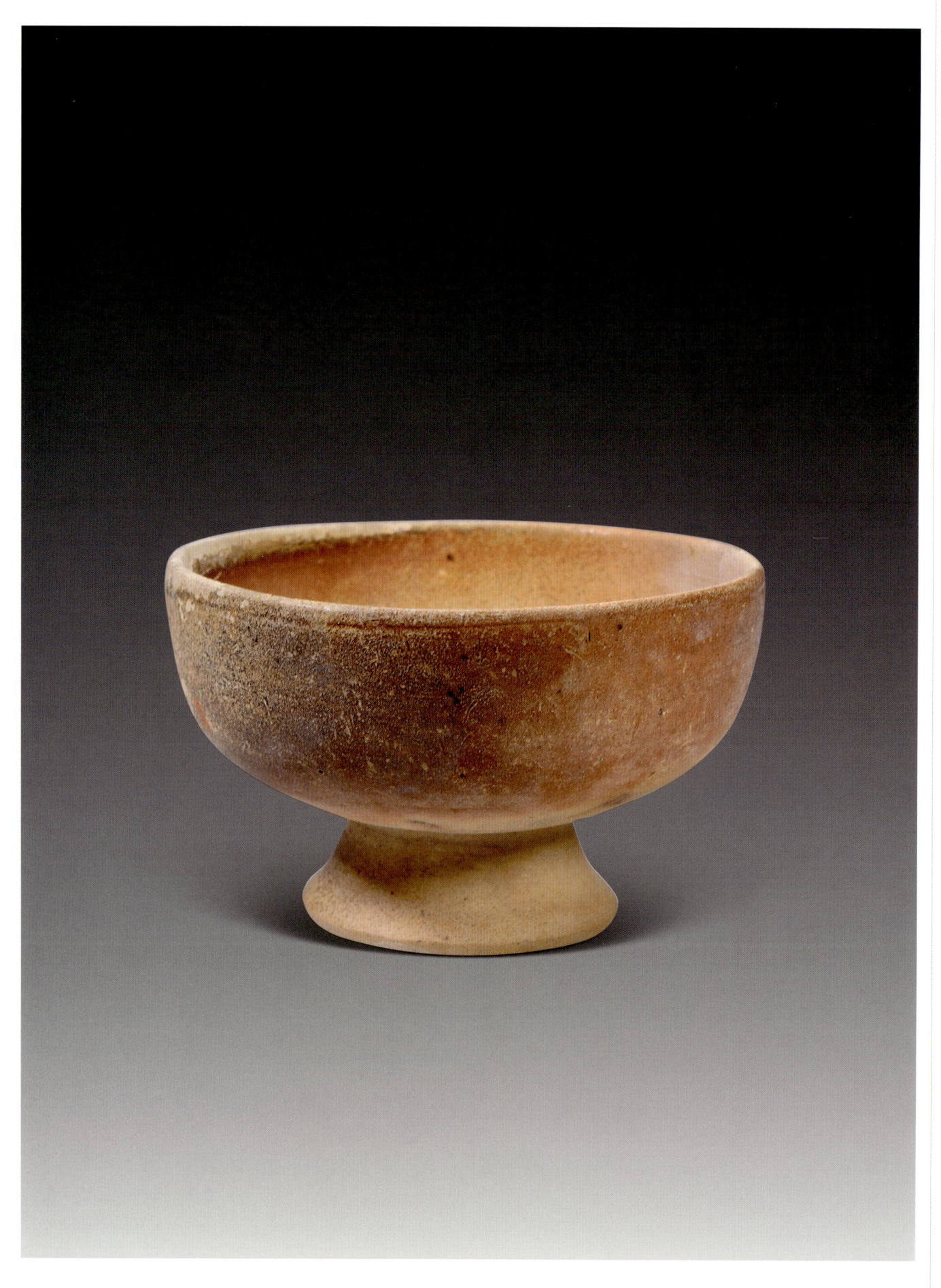

敞口高足碗
口径 14.7 cm
底径 8.7 cm
高 9 cm

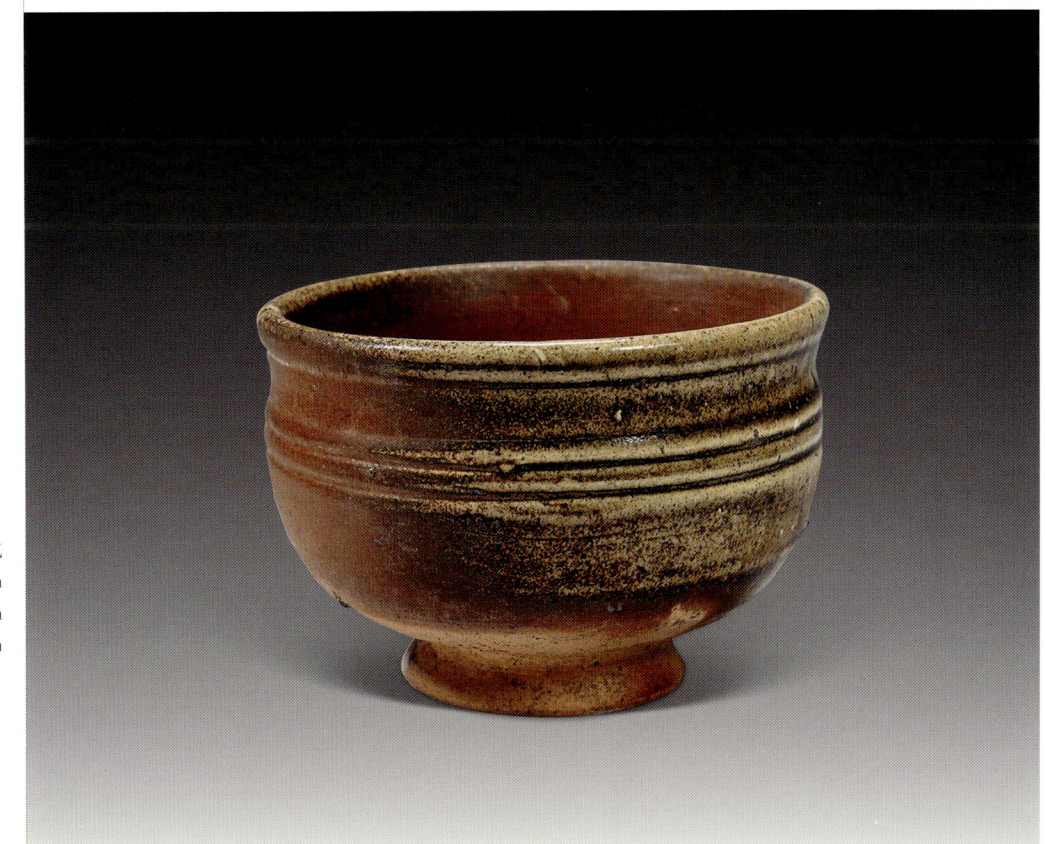

深腹矮足碗
口径 12.7 cm
底径 6.5 cm
高 8.5 cm

← 平口深腹高足碗
口径 14.3 cm
高 8.5 cm

单环耳三足杯
口径 9 cm
高 10.5 cm

桥纽浅盖鋬耳杯
口径 10.6 cm
高 10.8 cm

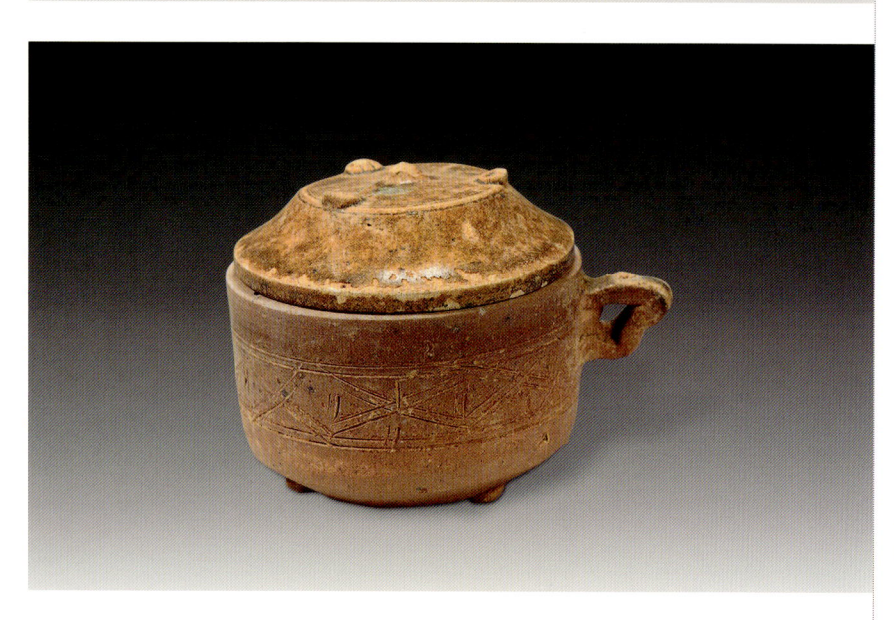

碟盖单耳三足杯
口径 10 cm
高 9.5 cm

瓯骆汉风　管窥广西汉陶文化

乳凸纽盖单耳三足杯
口径 10 cm
高 9.5 cm

笠盖三足杯
口径 10.2 cm
高 10.8 cm

勾柄饼足杯
口径 12.2 cm
高 12.4 cm

蛇形柄刻划纹杯
口径 12.3 cm
高 8.1 cm

瓯骆汉风　营篥广西汉陶文化

碟盖方柄三足杯
口径 10.4 cm
高 10.9 cm

直柄三足划纹杯
口径 10 cm
高 11.7 cm

环纽直腹杯
口径 13.5 cm
高 10.4 cm

单柄三足卮
口径 10.5 cm
高 9.5 cm

颐
骆
汉
风
　
管
窥
广
西
汉
陶
文
化

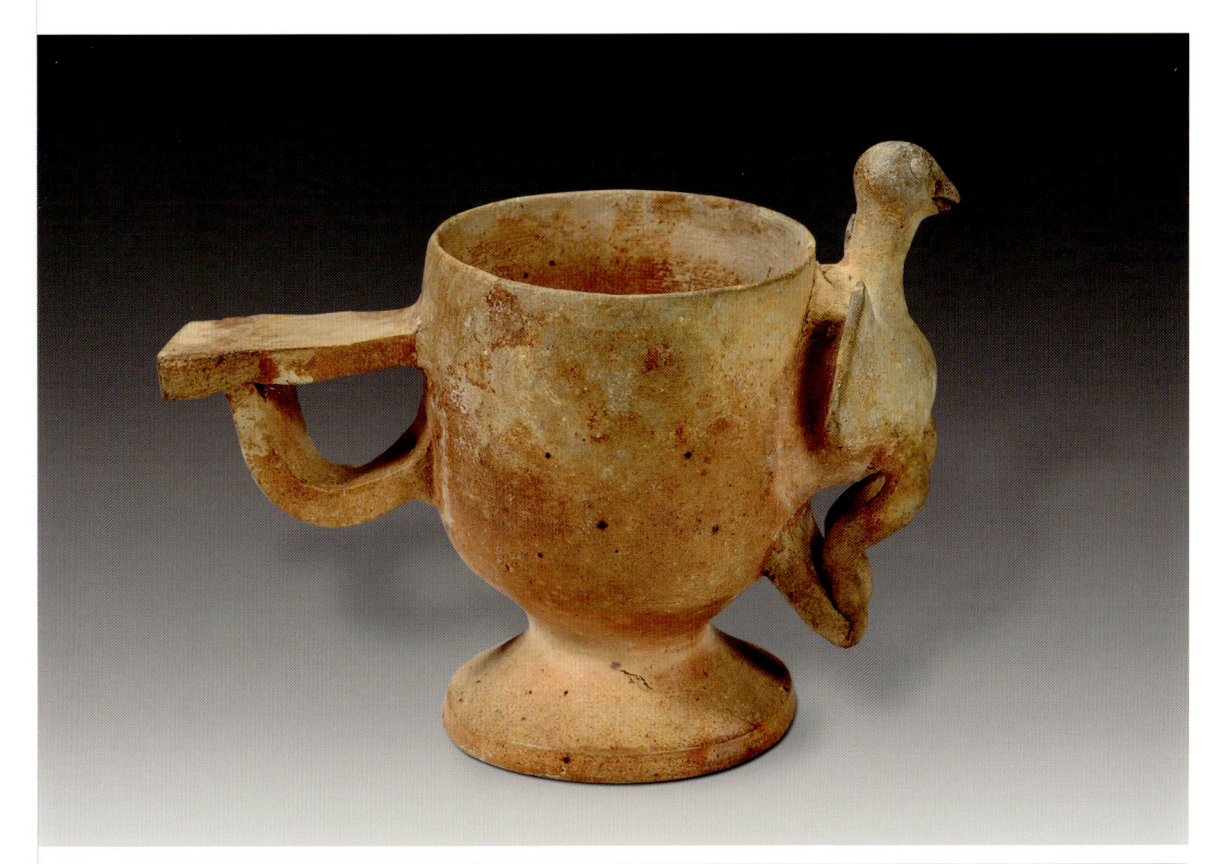

153

单柄鸟饰卮
口径 6.5 cm
高 9.6 cm
器长 12.9 cm

瓯骆汉风　管窥广西汉陶文化

瓯骆汉风 管窥广西汉陶文化

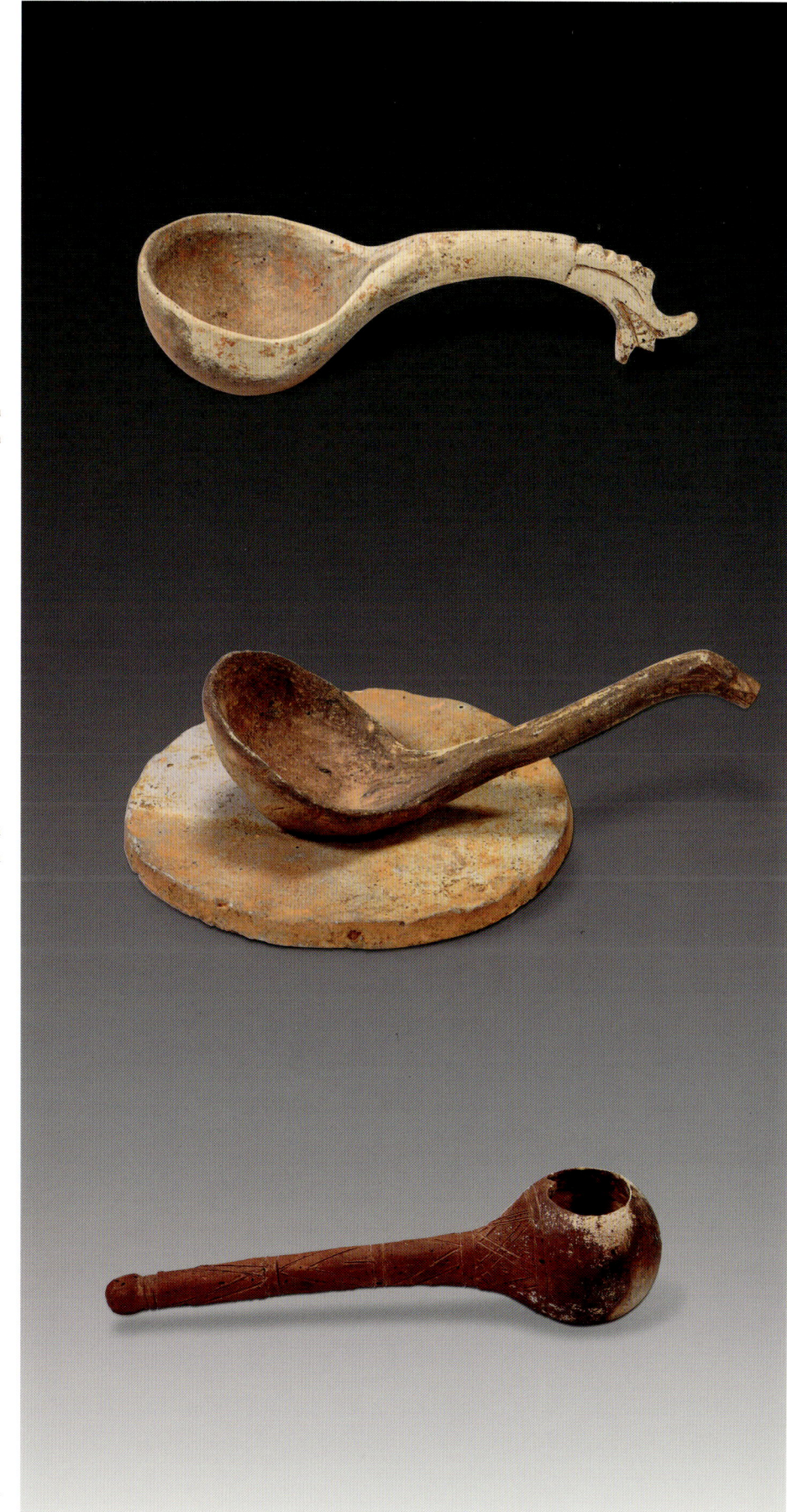

龙首勺
长 17.6 cm
高 6.9 cm

匙形勺
长 15.5 cm
高 6.2 cm

长扁柄鸟饰卮
口径 7.2 cm
高 6.2 cm
器长 15.9 cm

圆斗勺
长 24.5 cm
高 6.2 cm

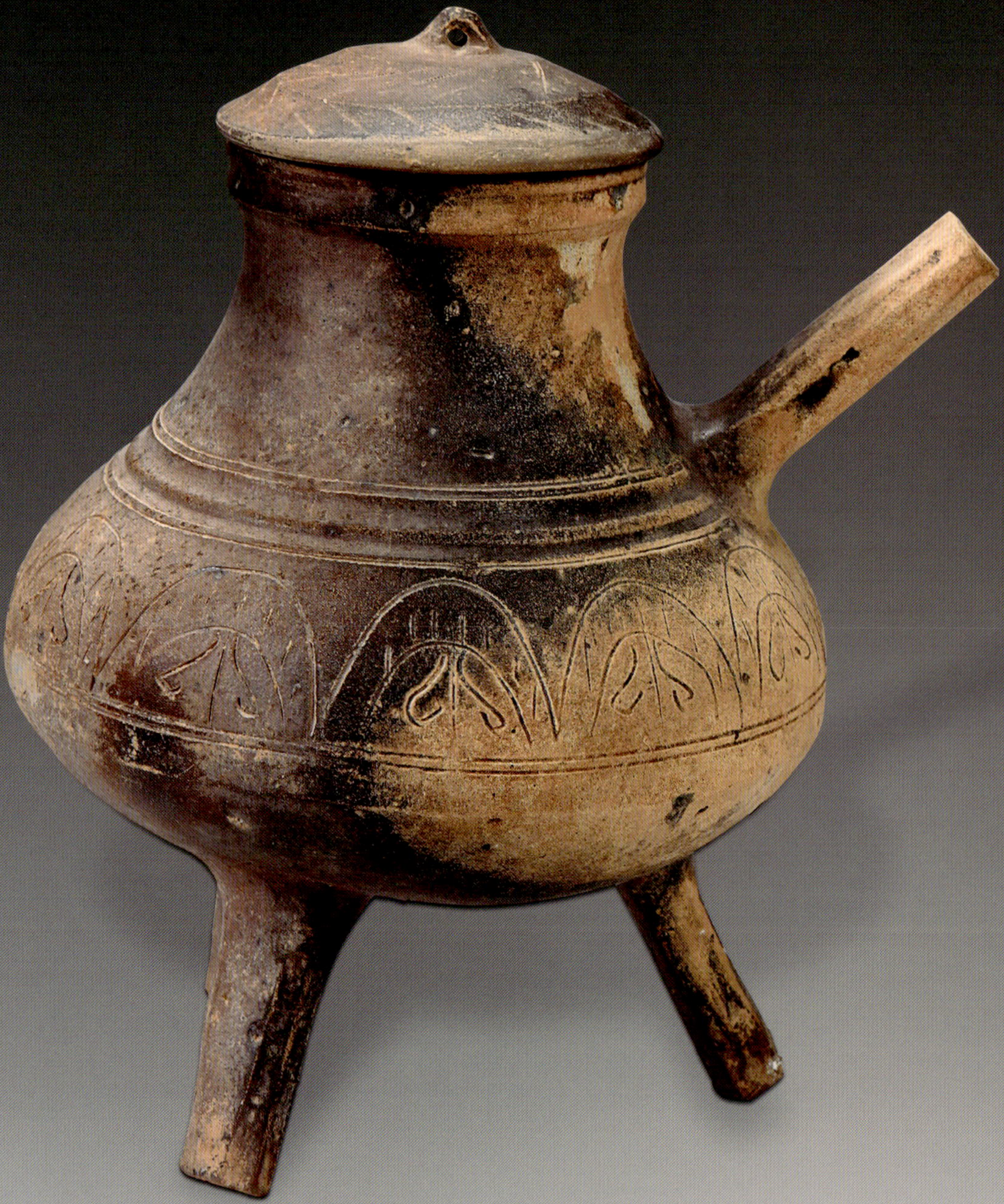

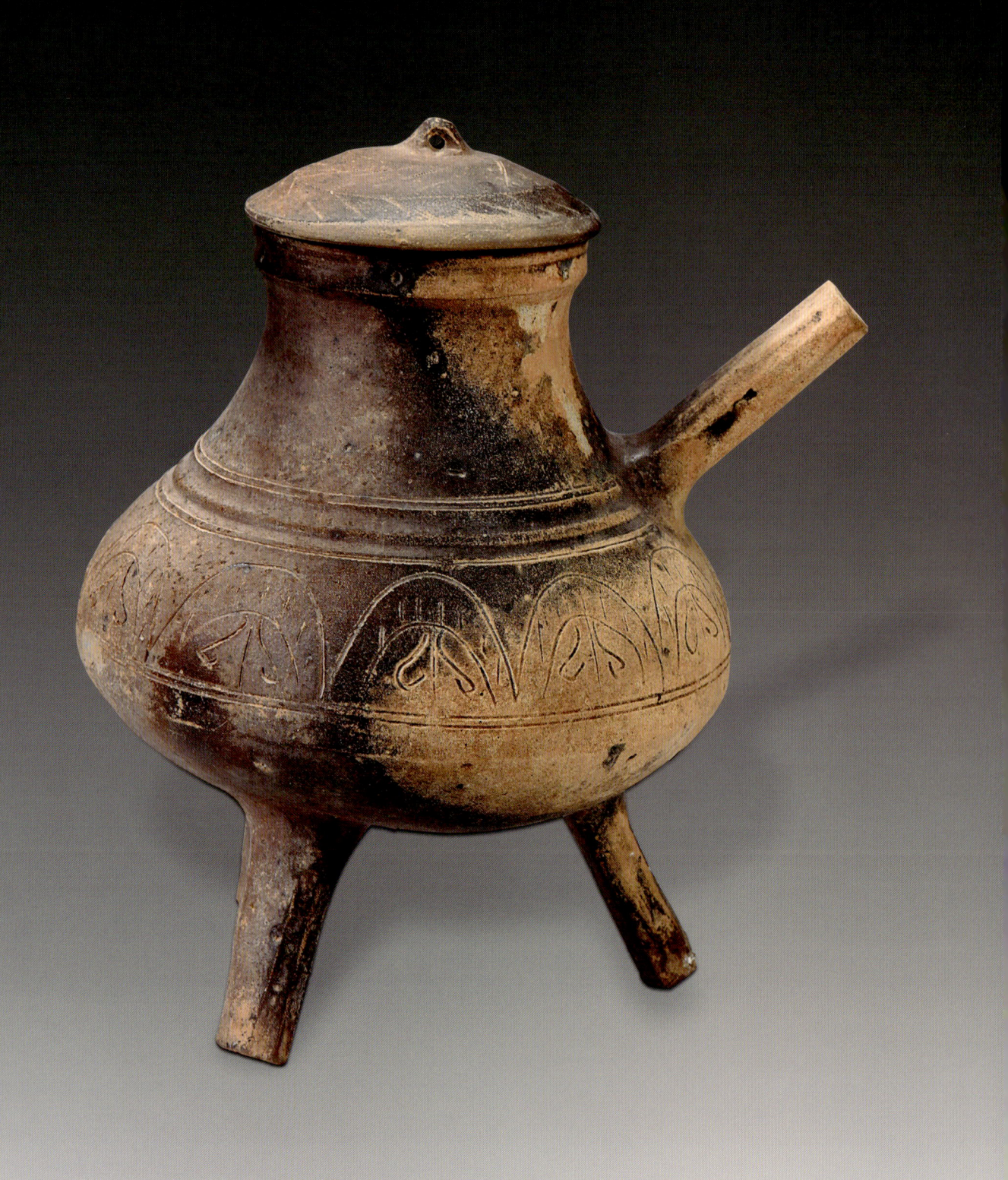

碟盖长颈水波纹鐎壶
口径 8.6 cm
高 24 cm

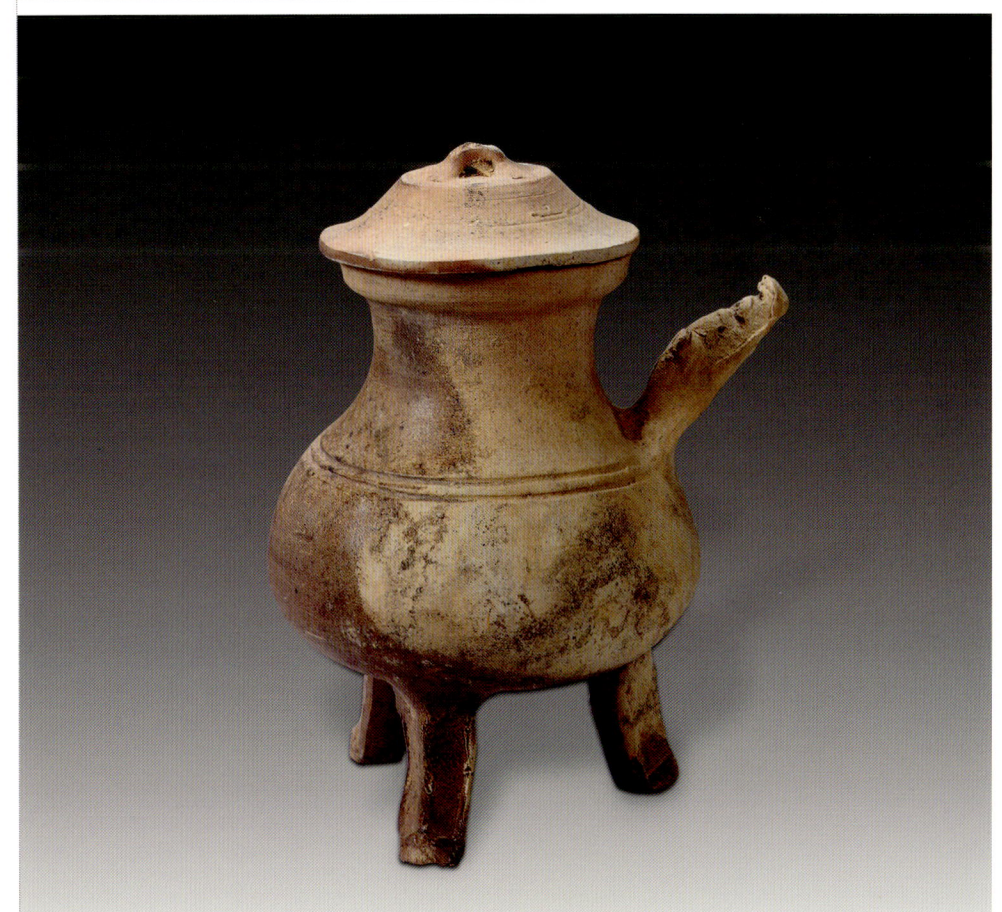

笠盖袋腹龙首柄鐎壶
口径 10.5 cm
腹径 16 cm
高 24 cm

←
浅盖袋腹刻划锦纹鐎壶
口径 9 cm
腹径 17.5 cm
高 24.5 cm

浅盖圆腹龙首柄鐎壶
口径 10.2 cm
腹径 16.2 cm
高 22.4 cm

长颈扁柄三角齿纹鐎壶
口径 9.4 cm
高 26.2 cm

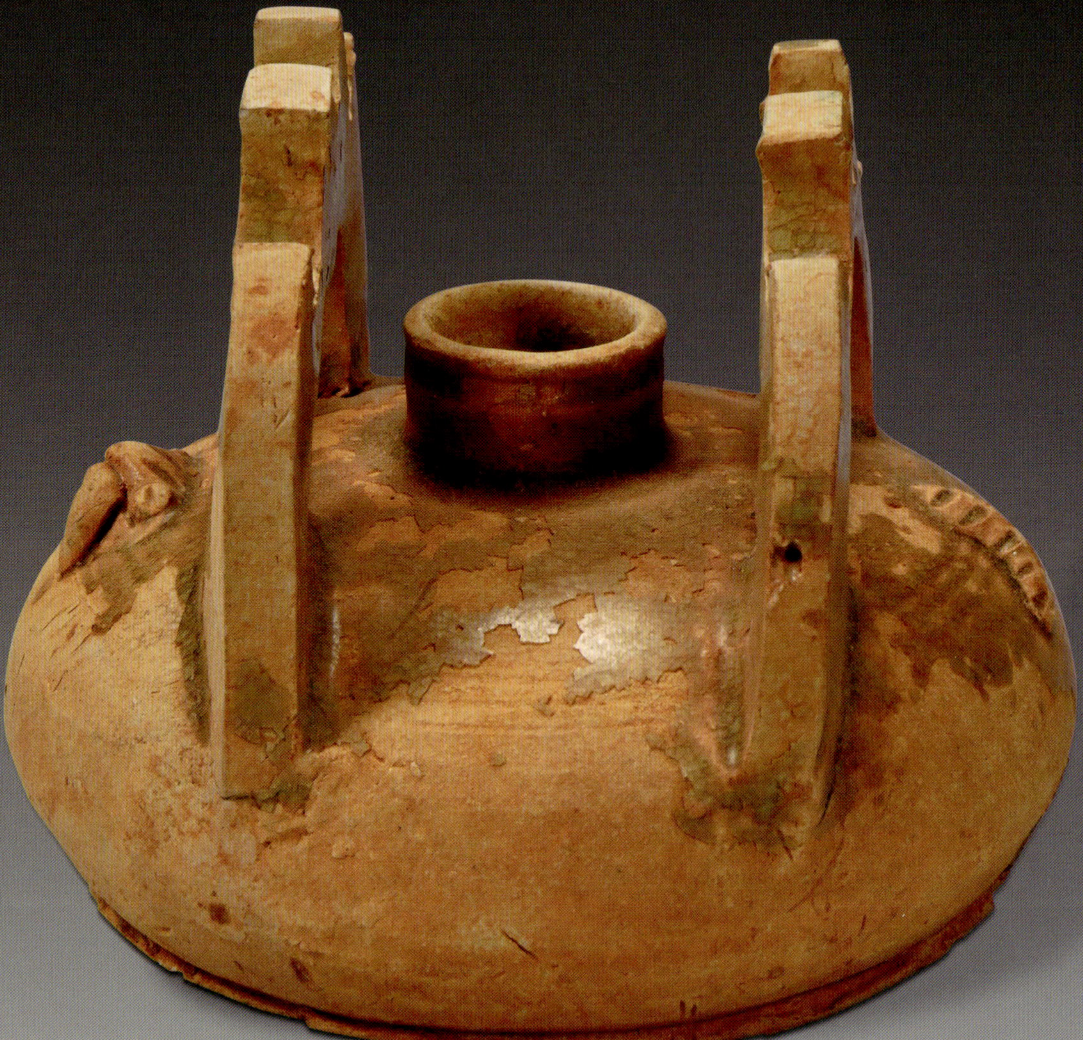

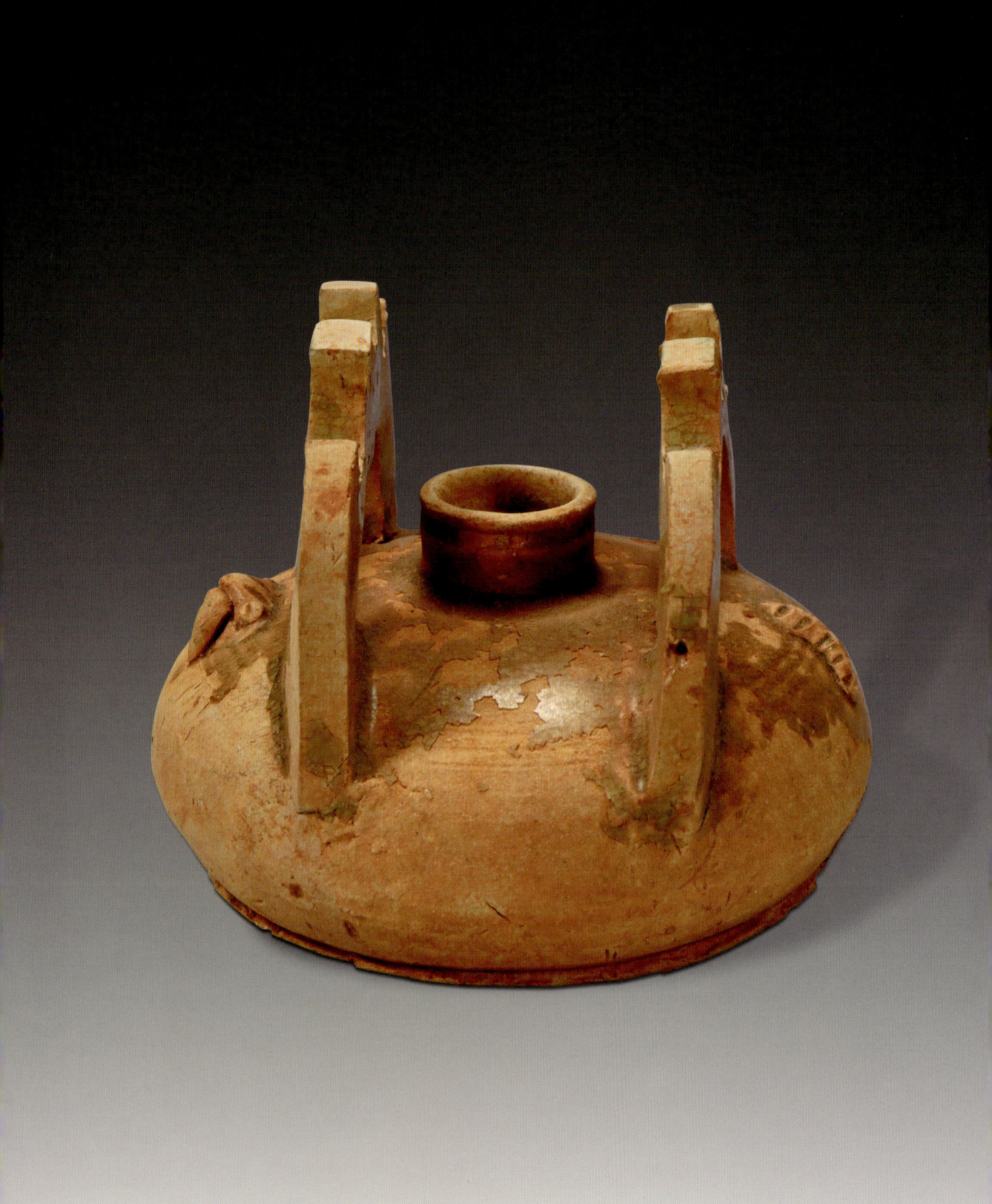

人面鸟身罐
宽 17 cm
高 10 cm

蛙形笔架水注
口径 3.1 cm
腹径 12.5 cm
高 9.5 cm

瓯骆汉风　管窥广西汉陶文化

天鸡纽盖熏炉
口径 12 cm
腹径 11.7 cm
高 20.8 cm

花纽深承盘熏炉
口径 6.5 cm
腹径 13.4 cm
高 17.4 cm

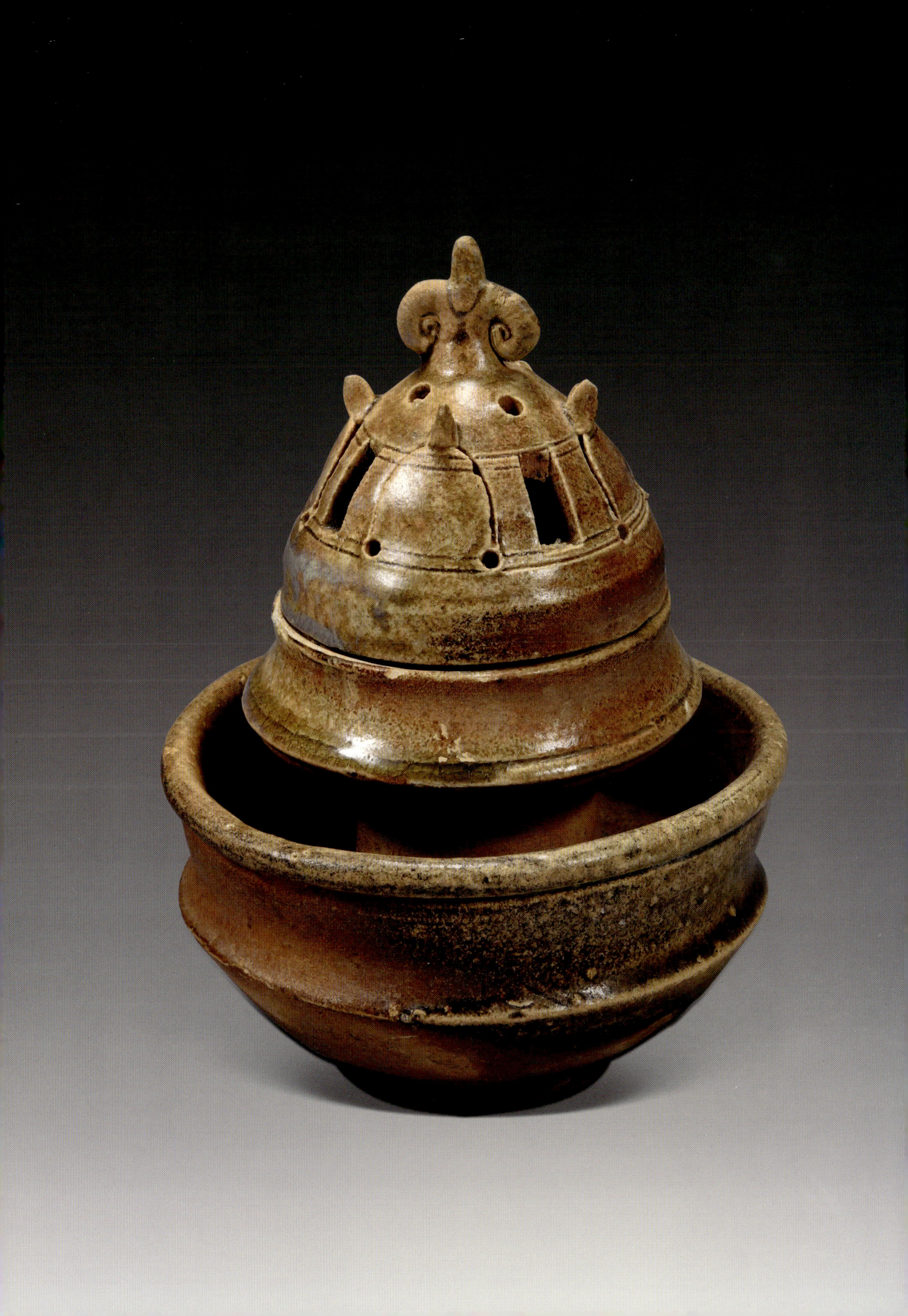

菌形盖形承盘熏炉
口径 10.5 cm
腹径 16.9 cm
高 22 cm

卷云花纽盖钵形承盘熏炉
口径 7.3 cm
高 18.9 cm

镂空莲瓣钵形承盘熏炉
口径 11 cm
腹径 10.08 cm
高 14.5 cm

卷云纽盖钵形承盘熏炉
口径 7.6 cm
腹径 17.8 cm
高 17.1 cm

菌形碗形承盘熏炉
口径 8.6 cm
腹径 14.3 cm
高 18.9 cm

瓯骆汉风 管窥广西汉陶文化

卷云花纽盖熏炉
口径 10.8 cm
腹径 17 cm
高 23 cm

卷云花纽直棂盖
浅盘熏炉
口径 10.5 cm
腹径 16.9 cm
高 22 cm

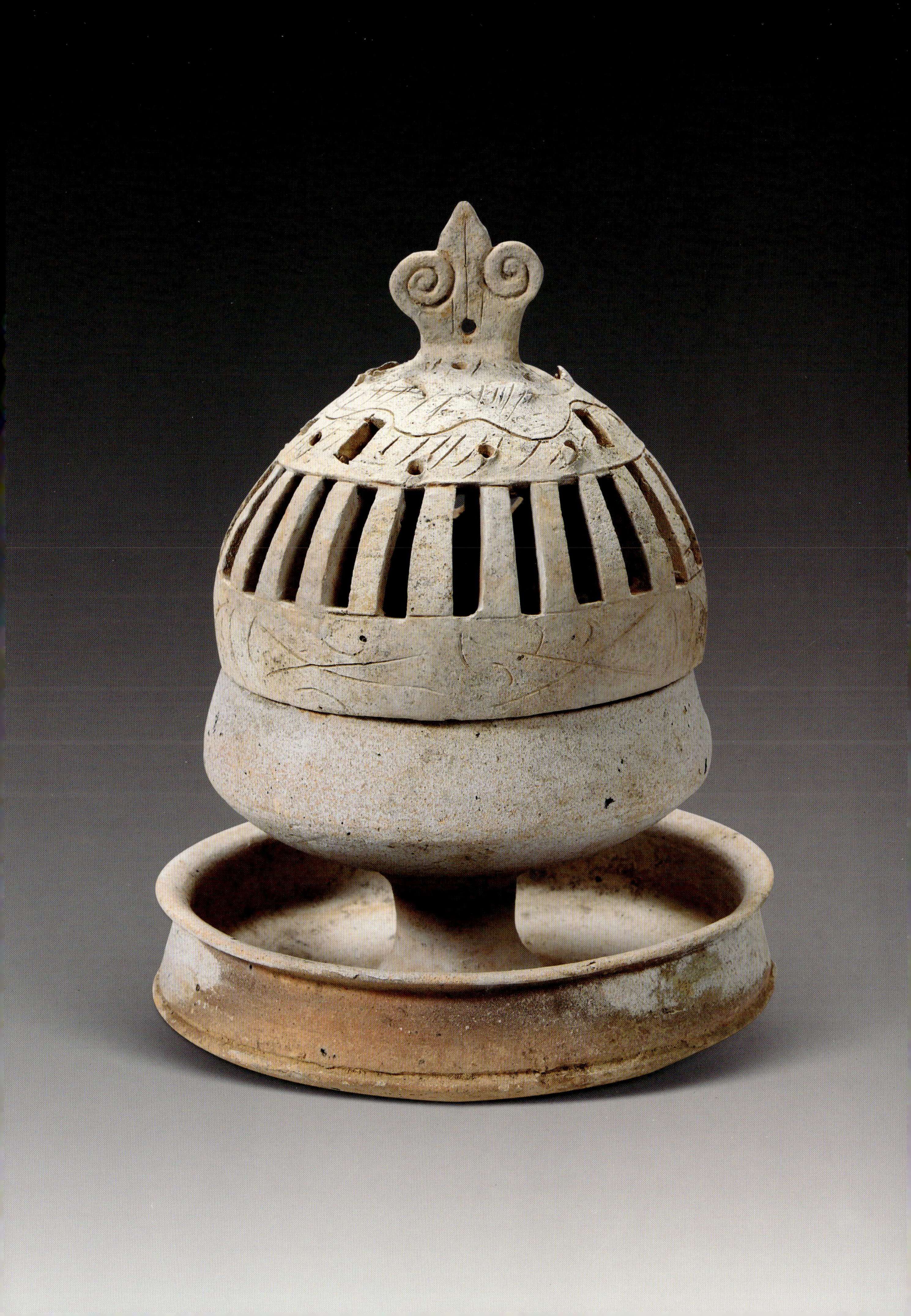

双耳铺首衔环提桶
口径 20.4 cm
高 20 cm

片纽盖双耳提桶
口径 12 cm
高 16.6 cm

瓯骆汉风　常觅广西汉陶文化

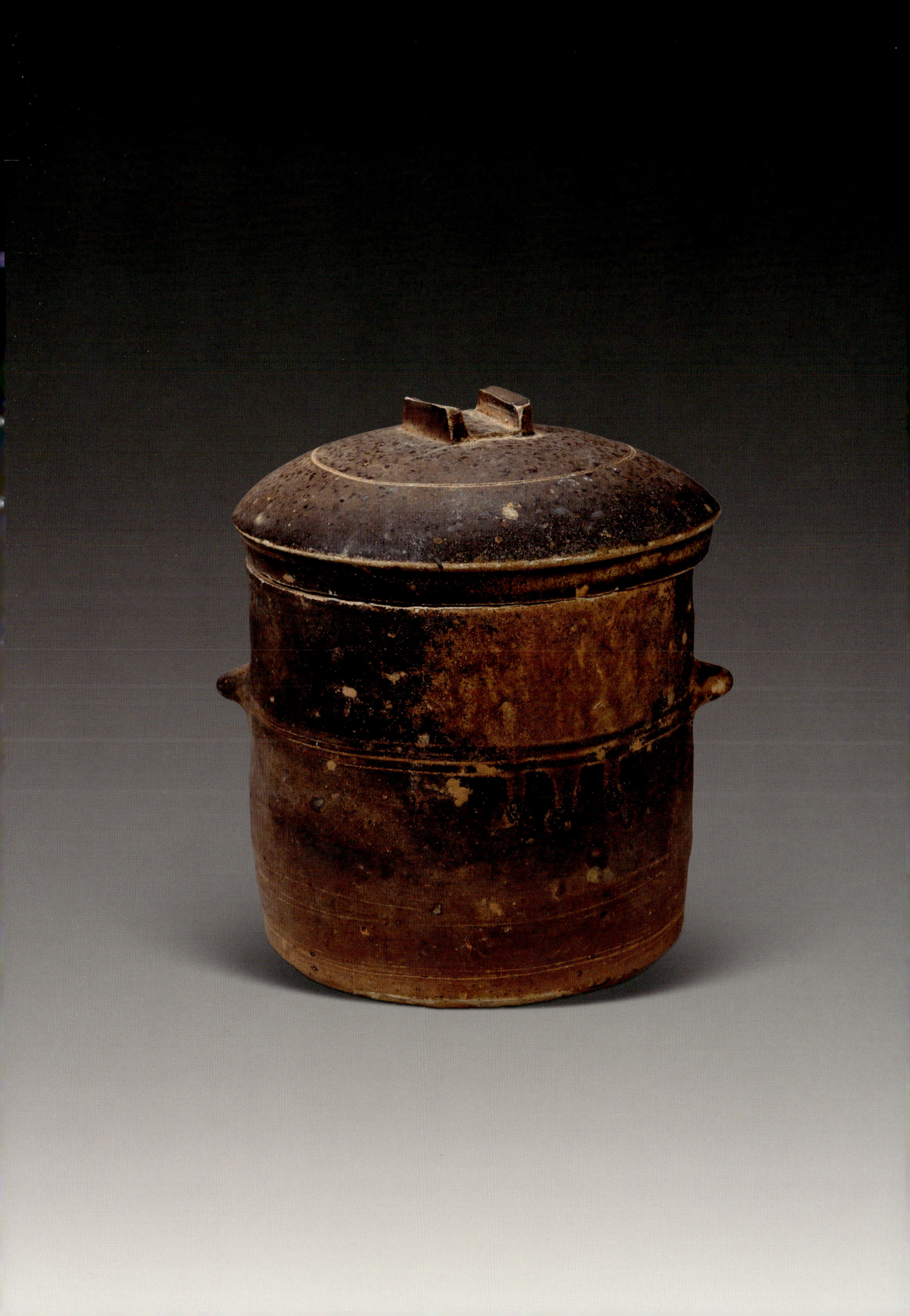

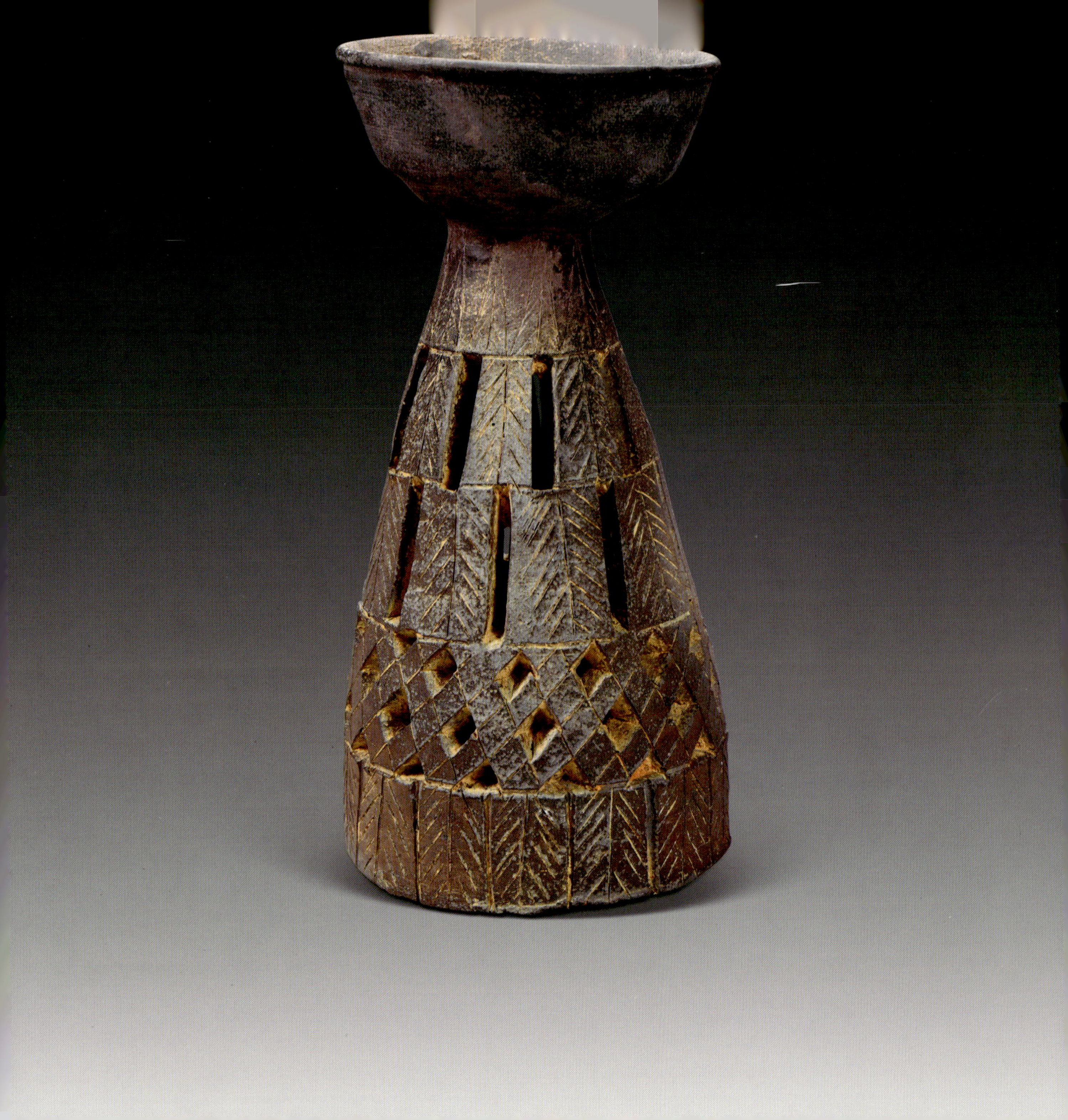

瓯骆汉风 管窥广西汉陶文化

四足案
长 22 cm
宽 12.5 cm
高 6 cm

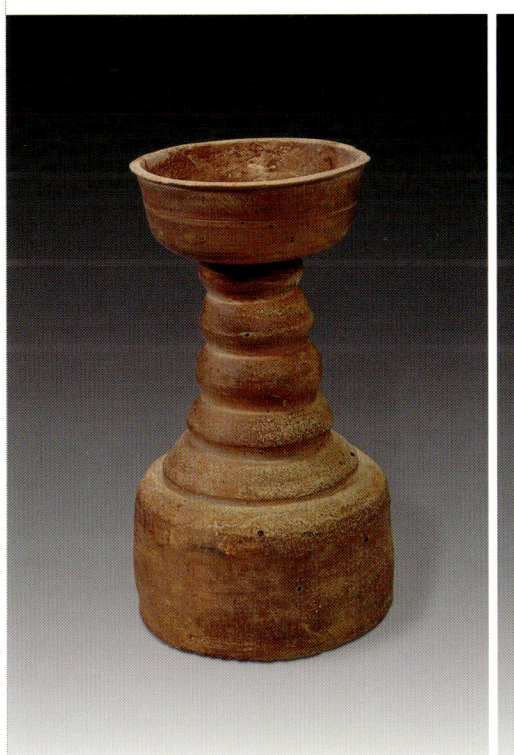

←
镂孔喇叭形座灯
盘口径 11 cm
座底径 11.5 cm
高 23 cm

法轮式座灯
盘口径 11.2 cm
座底径 13 cm
高 22 cm

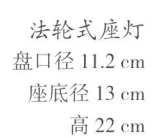

单孔埙
高 5.5 cm

图录 *Tulu Antique Catalog*

模型明器

瓯骆汉风 管窥广西汉陶文化

单体带圈陶屋
长 34.6 cm
宽 29 cm
高 23.2 cm

瓯骆汉风　常窥广西汉陶文化

瓯骆汉风　管窥广西汉陶文化

有劳作场景的陶屋
长 13.8 cm
宽 9.6 cm
高 9.5 cm

分体带圈干栏屋
长 31.3 cm
宽 21.1 cm
高 29.3 cm

曲尺型镂孔花墙屋
长 38.5 cm
宽 34.5 cm
高 31.5 cm

曲尺型矮墙干栏屋
长 26.8 cm
宽 21.6 cm
高 20.8 cm

曲尺型鸟窝干栏屋
长 29.1 cm
宽 28.1 cm
高 20.5 cm

曲尺型干栏屋
长 20.7 cm
宽 19.7 cm
高 16.8 cm

瓯骆汉风　营窥广西汉陶文化

曲尺型矮围墙屋
长 28.6 cm
宽 25.7 cm
高 28.3 cm

瓯骆汉风　管窥广西汉代陶文化

曲尺型饲养干栏屋
长 30.7 cm
宽 27.8 cm
高 26.5 cm

曲尺型花窗干栏屋
长 28.5 cm
宽 27.5 cm
高 26.5 cm

曲尺型分体屋
长 33.5 cm
宽 29.5 cm
高 32 cm

瓯骆汉风　管窥广西汉陶文化

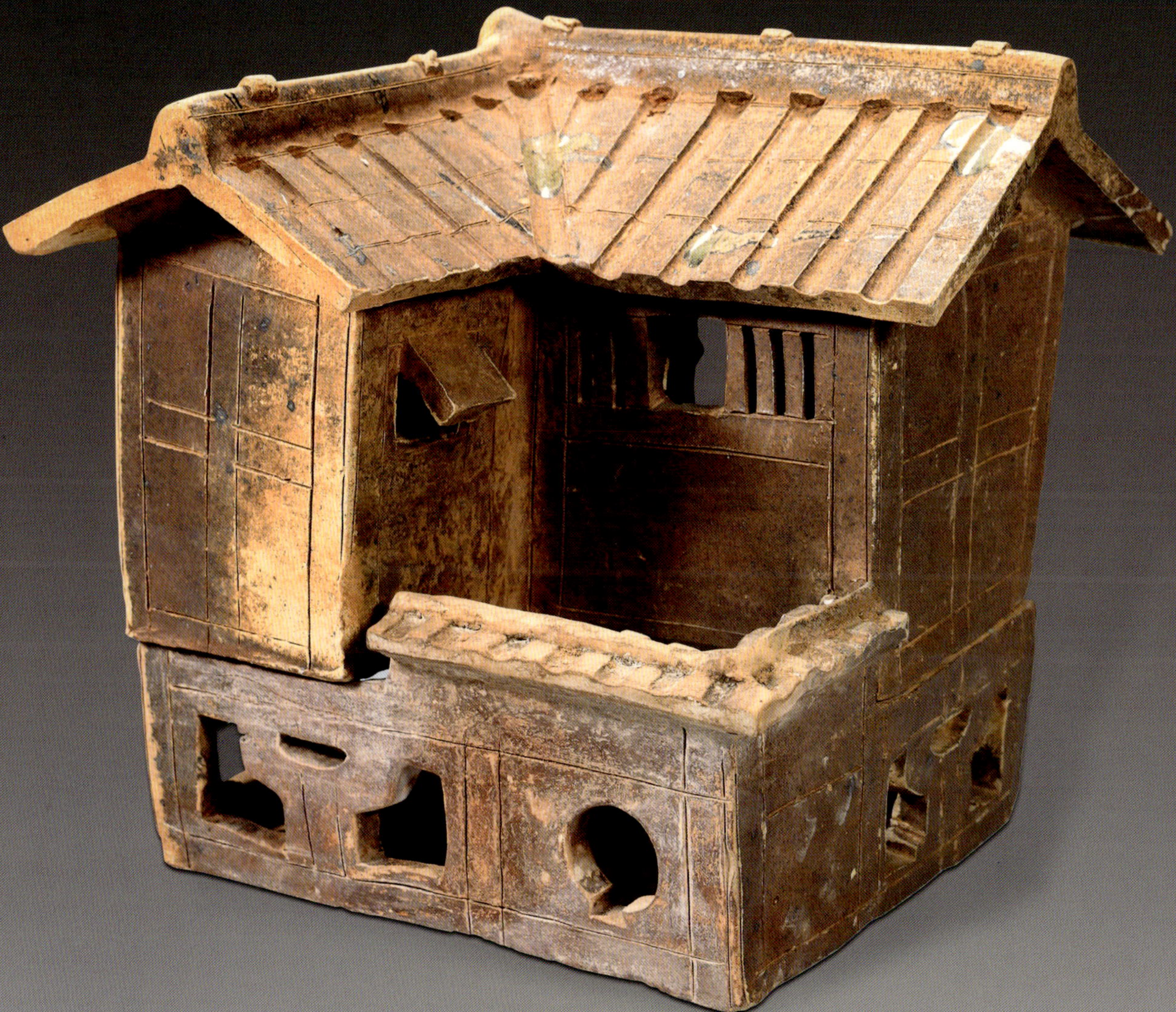

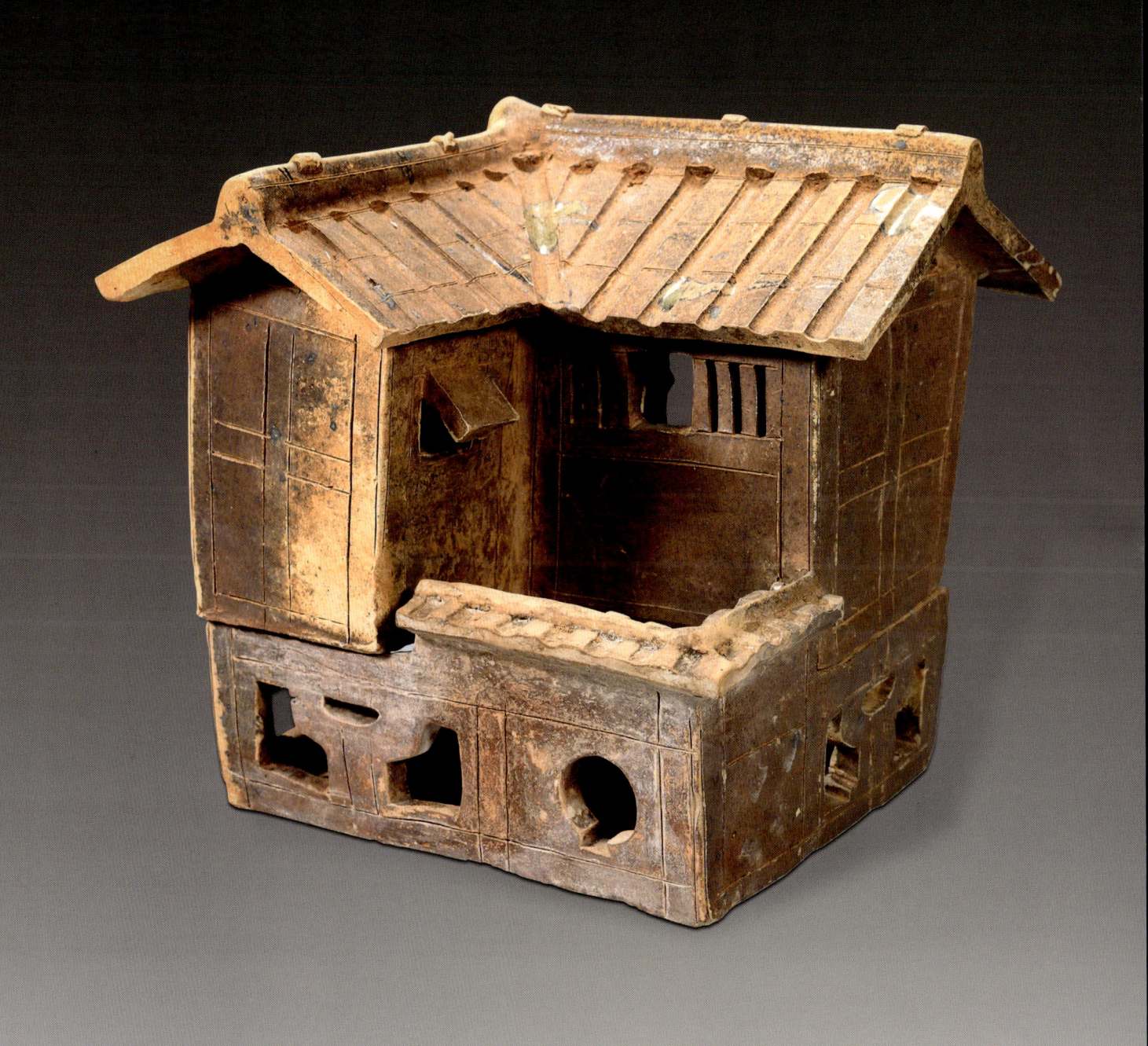

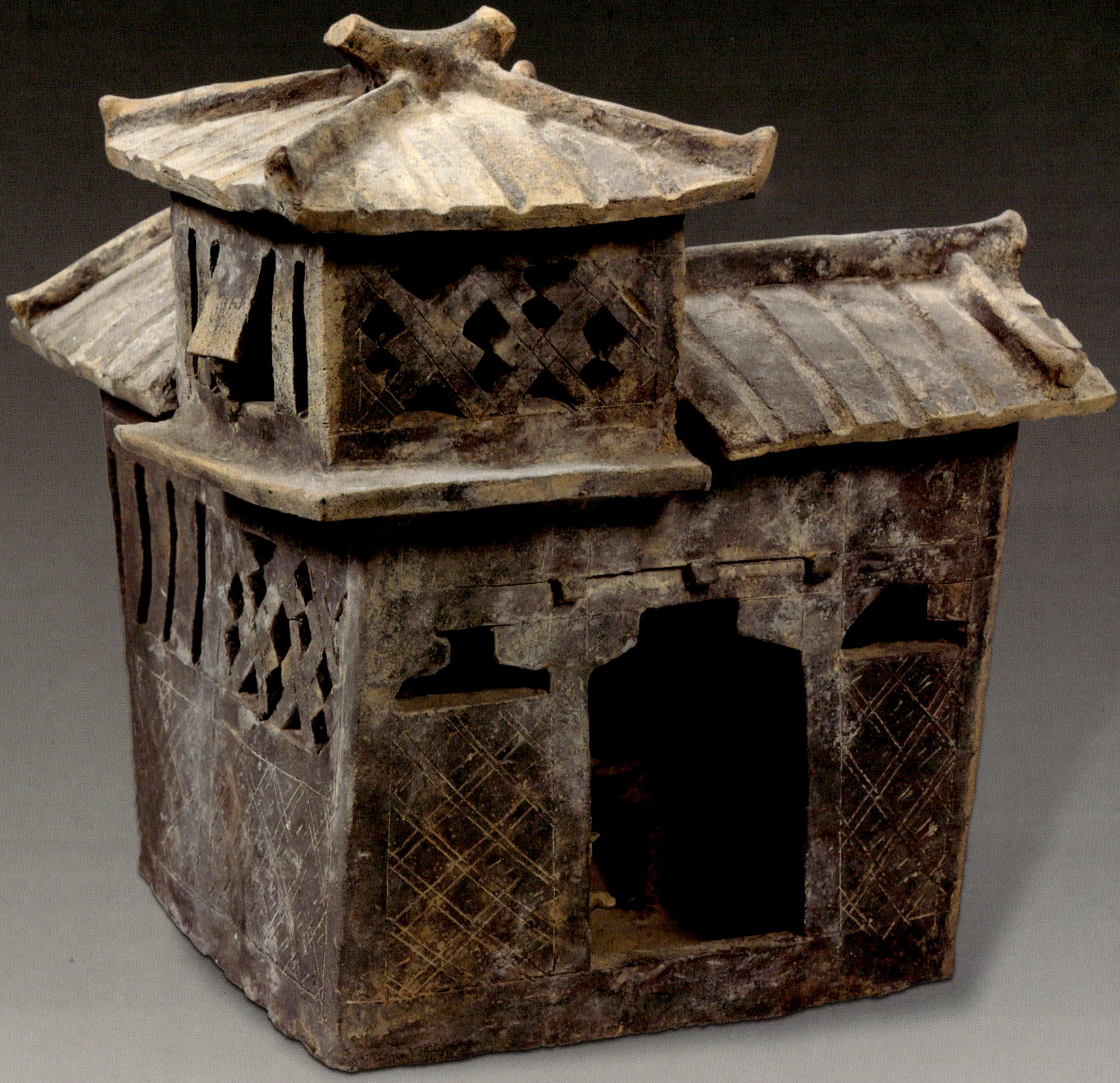

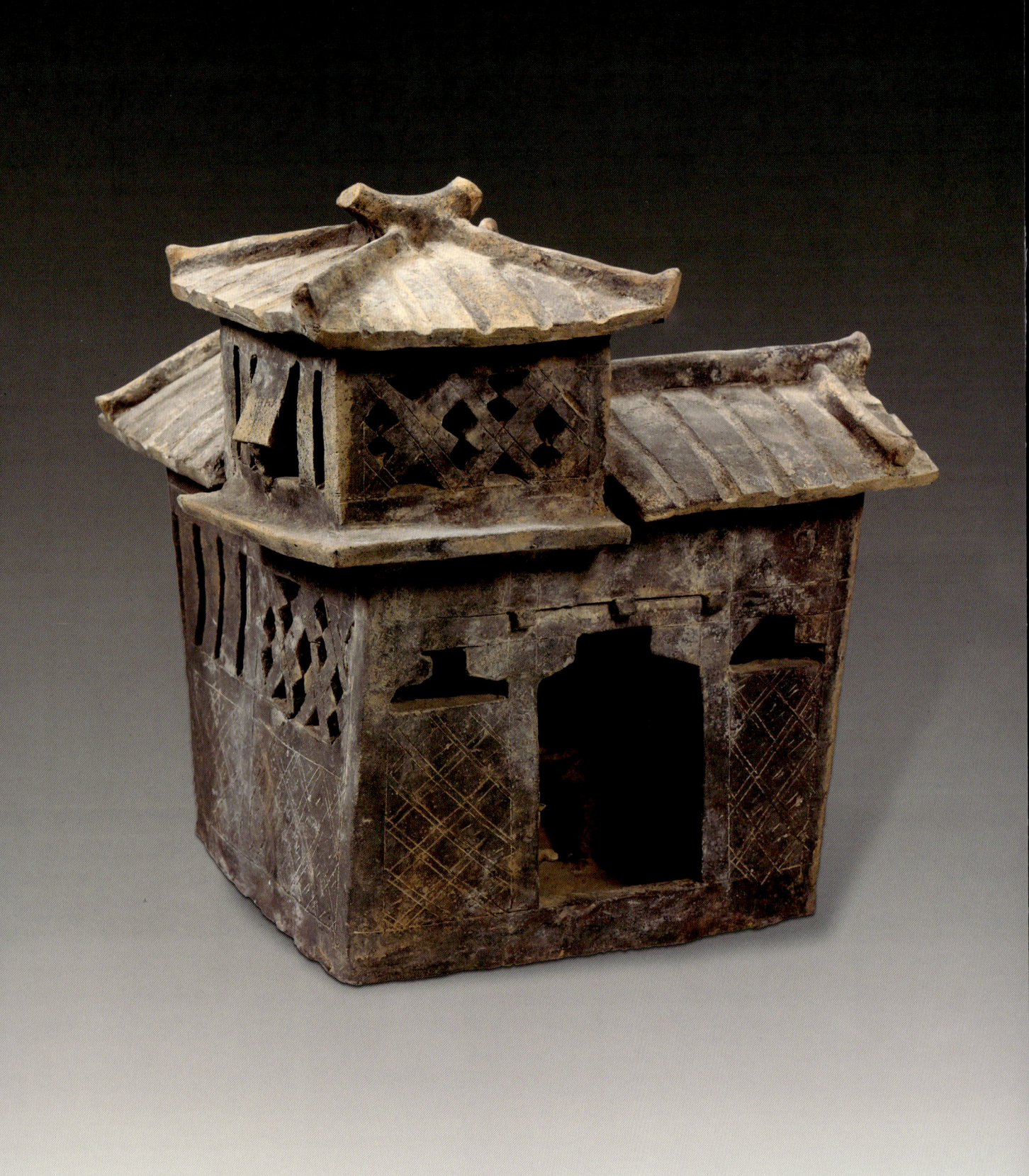

曲尺型重檐屋
长 28 cm
宽 28 cm
高 35 cm

瓯骆汉风 常窥广西汉陶文化

三合型带圈屋
长 35 cm
宽 34.3 cm
高 28.3 cm

瓯骆汉风 管窥广西汉陶文化

三合型四层
角楼屋
长 30 cm
宽 21.5 cm
高 38 cm

瓯骆汉风　管窥广西汉陶文化

楼阁型重楼屋
长 29.8 cm
宽 38 cm
高 32.6 cm

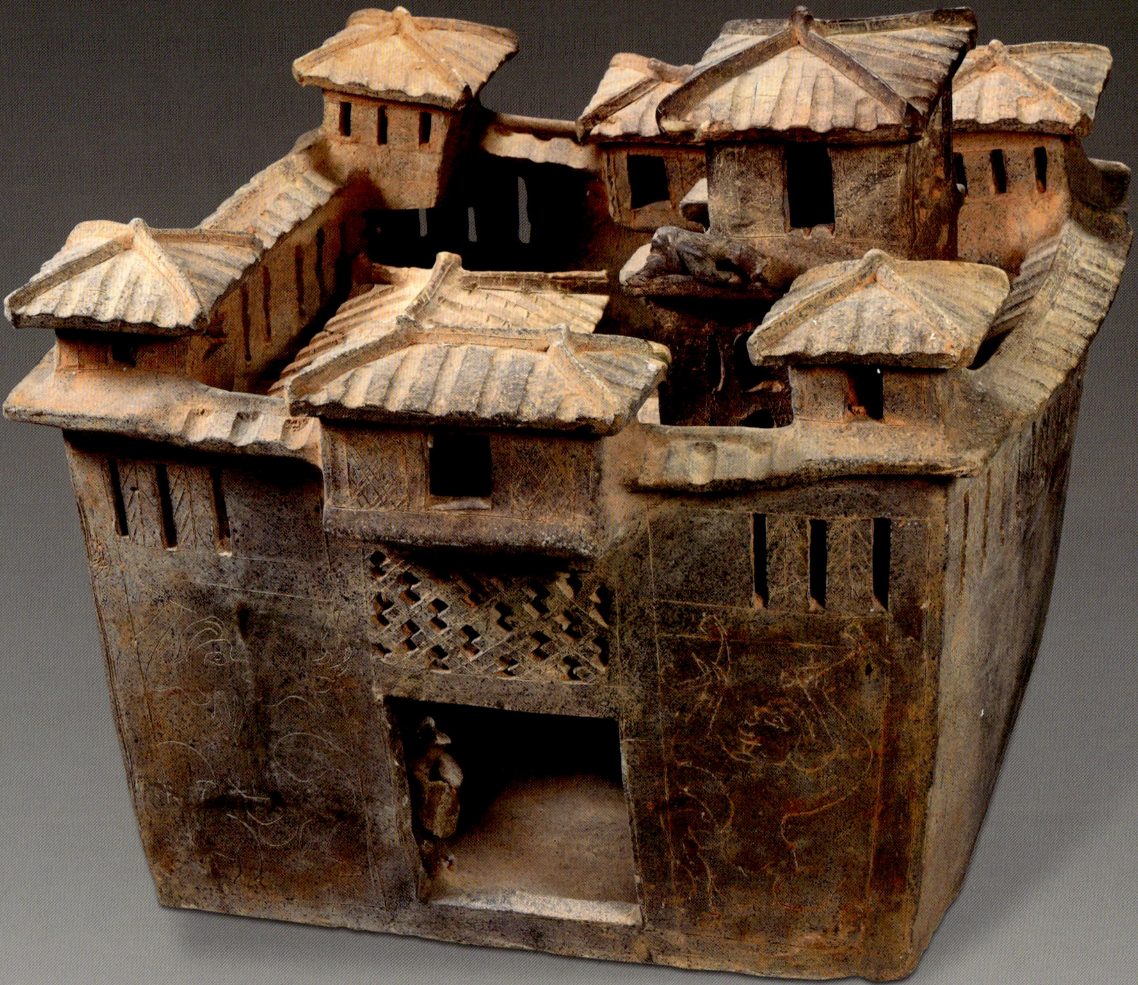

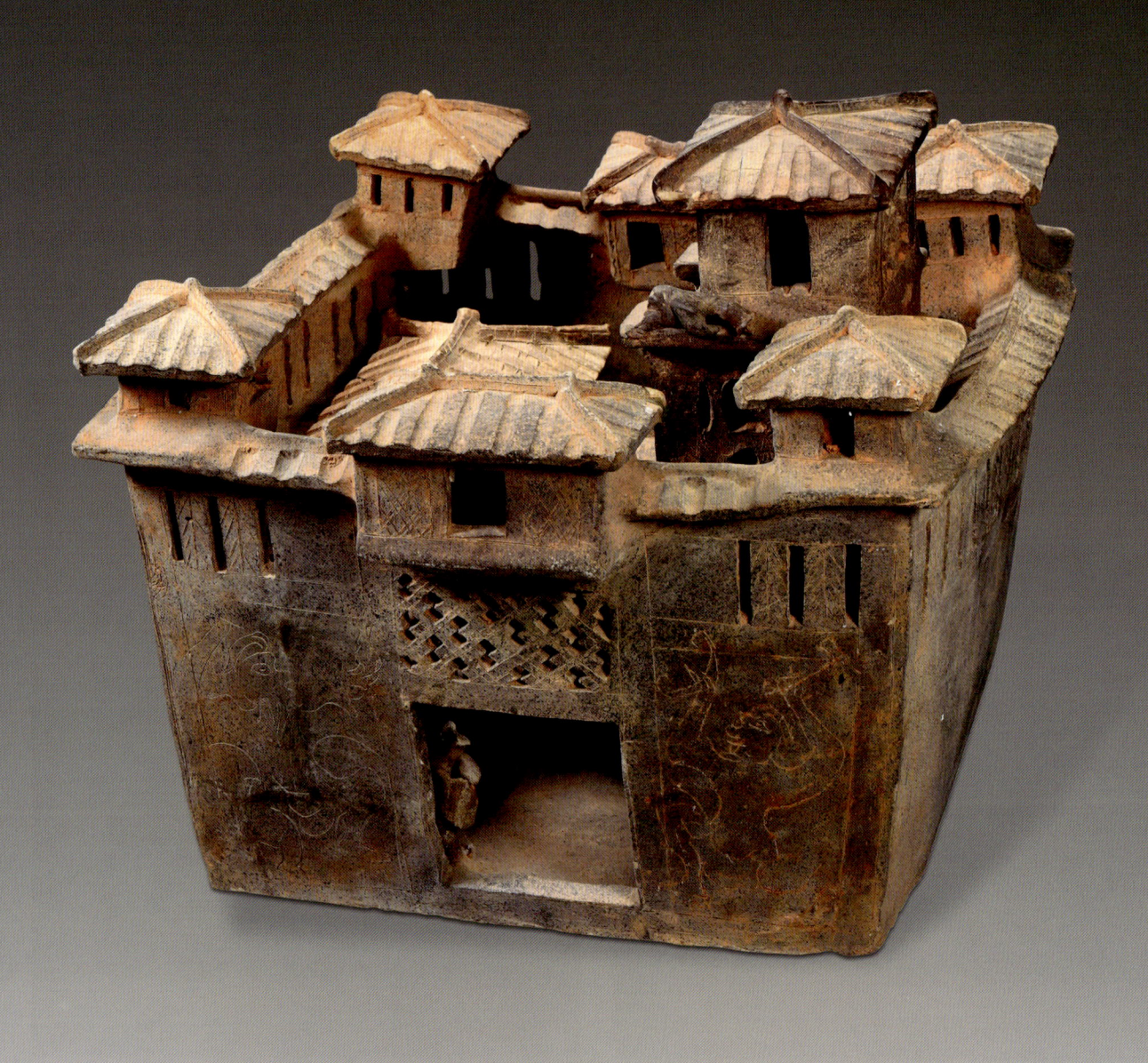

四角六楼城堡
长 49.5 cm
宽 48 cm
高 35 cm

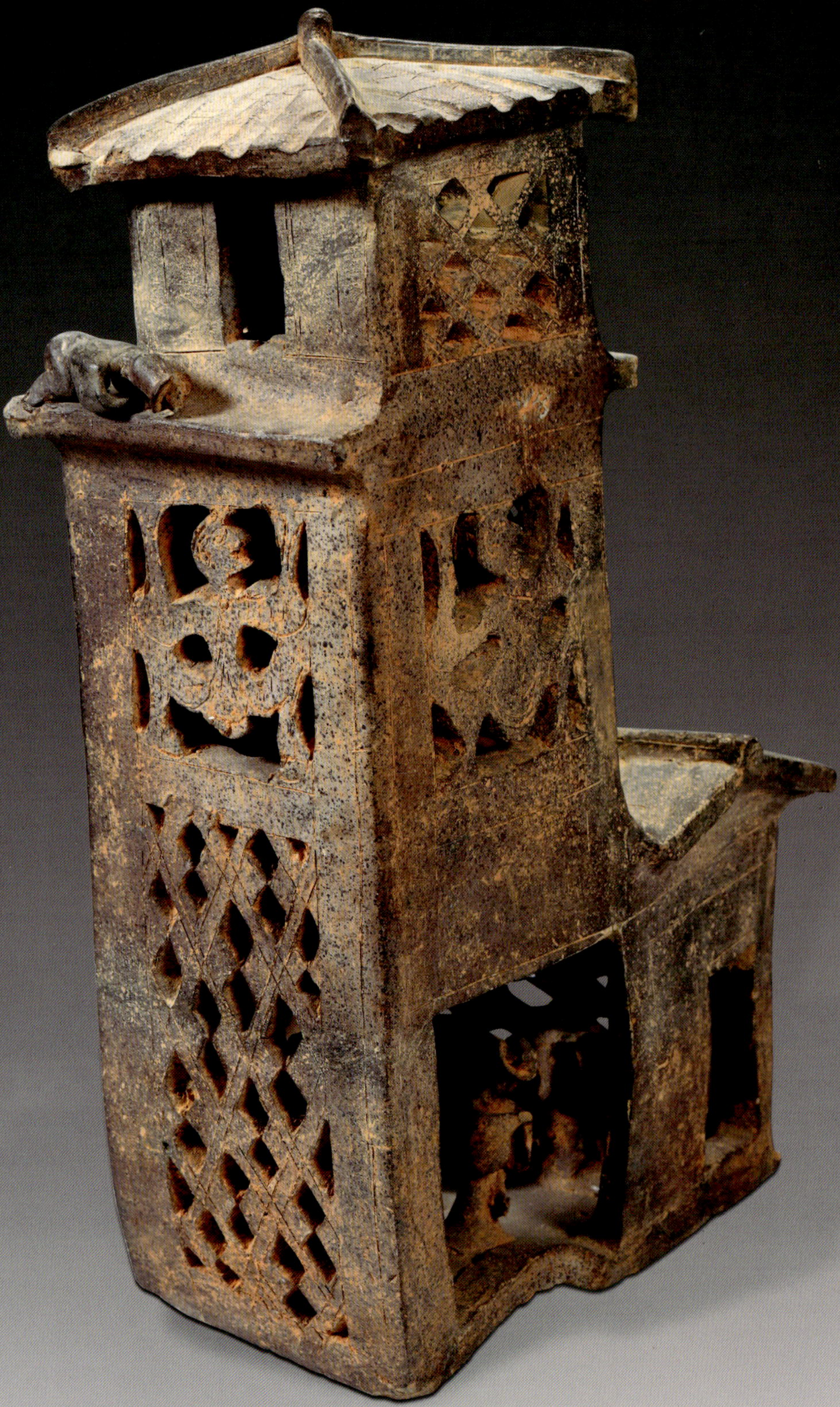

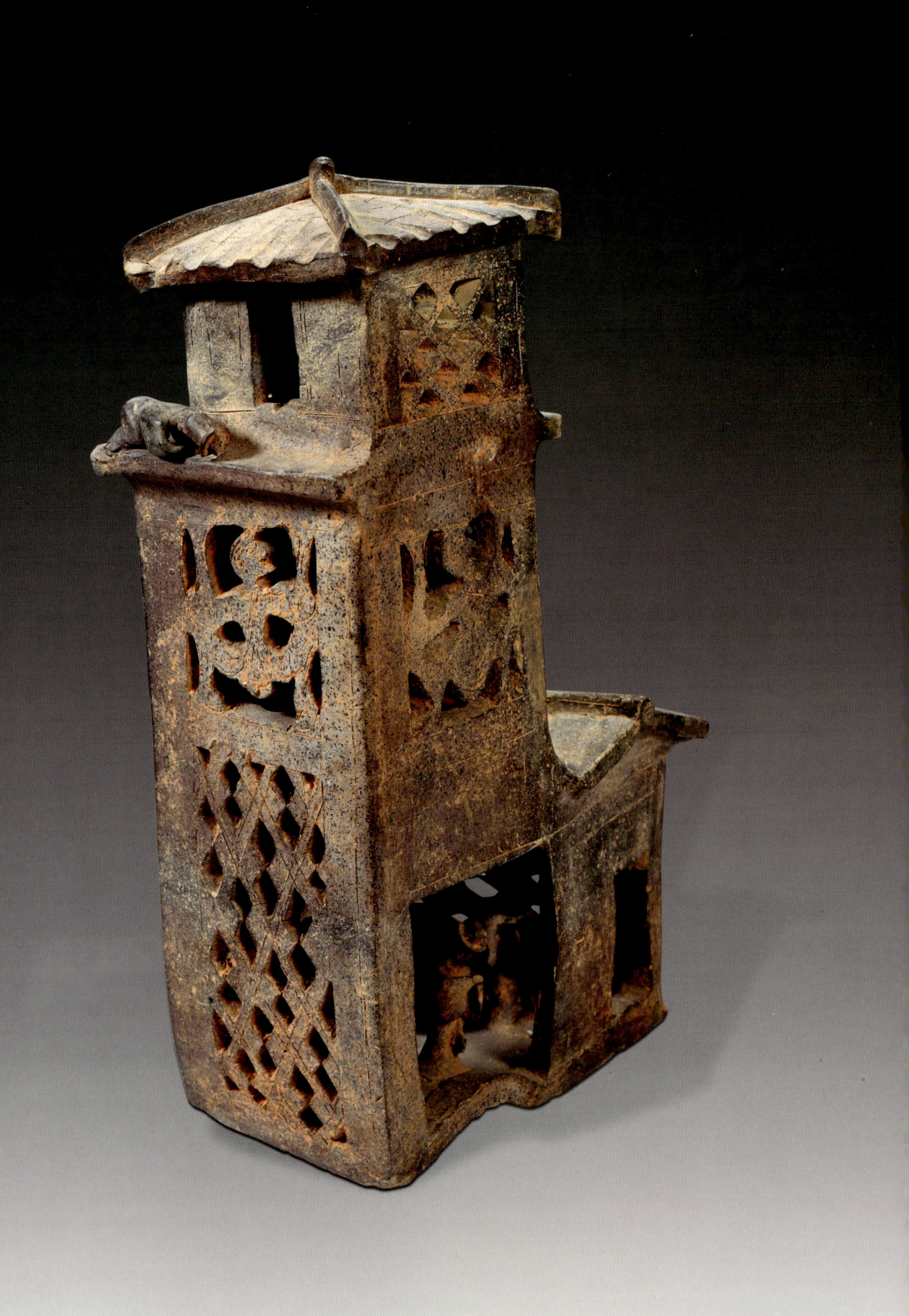

瓯骆汉风 常竟广西汉陶文化

四角六楼城堡
局部阁楼
长 48 cm
宽 46 cm
高 42 cm

四角六楼城堡局部阁楼
长 29.5 cm
宽 14.2 cm
高 22 cm

曲尺型附畜圈仓
长 28.5 cm
宽 21.5 cm
高 33 cm

悬山顶干栏式陶仓
长 30 cm
宽 22.5 cm
高 32 cm

悬山顶带梯干栏式灰陶仓
长 28 cm
宽 21 cm
高 27 cm

四柱干栏式仓
长 38.8 cm
宽 28.2 cm
高 34 cm

舂米碓屋
长 28.3 cm
宽 23.4 cm
高 26 cm

家畜饲养陶圈
长 14 cm
宽 10 cm
高 9.3 cm

牛圈
长 12.5 cm
宽 11 cm
高 8 cm

家禽圈
长 15.8 cm
宽 9.6 cm
高 9.7 cm

天鸡顶井形猪圈
长 19 cm
宽 18 cm
高 29 cm

凤鸟饰顶盖瓦垅
三角划纹井
口径 13.4 cm
腹径 18 cm
底径 20 cm
高 19 cm

颐骆汉风 管窥广西汉陶文化

四阿式顶盖井
口径 10.3 cm
腹径 13.5 cm
底径 16.8 cm
高 12.1 cm

鸟饰四阿式顶盖井
口径 11.5 cm
腹径 16 cm
底径 20.4 cm
高 16.6 cm

四阿式顶盖凤鸟井
口径 13.5 cm
底径 21 cm
高 16 cm

三俑一狗双眼灶
长 31 cm
宽 22 cm
高 20 cm

三俑三眼龙头灶
长 33.6 cm
宽 13.9 cm
高 12.2 cm

瓯骆汉风 管窥广西汉陶文化

三俑一狗双眼灶
长 27 cm
宽 18.5 cm
高 15.5 cm

图录
Tulu

Antique Catalog

人物、动物俑

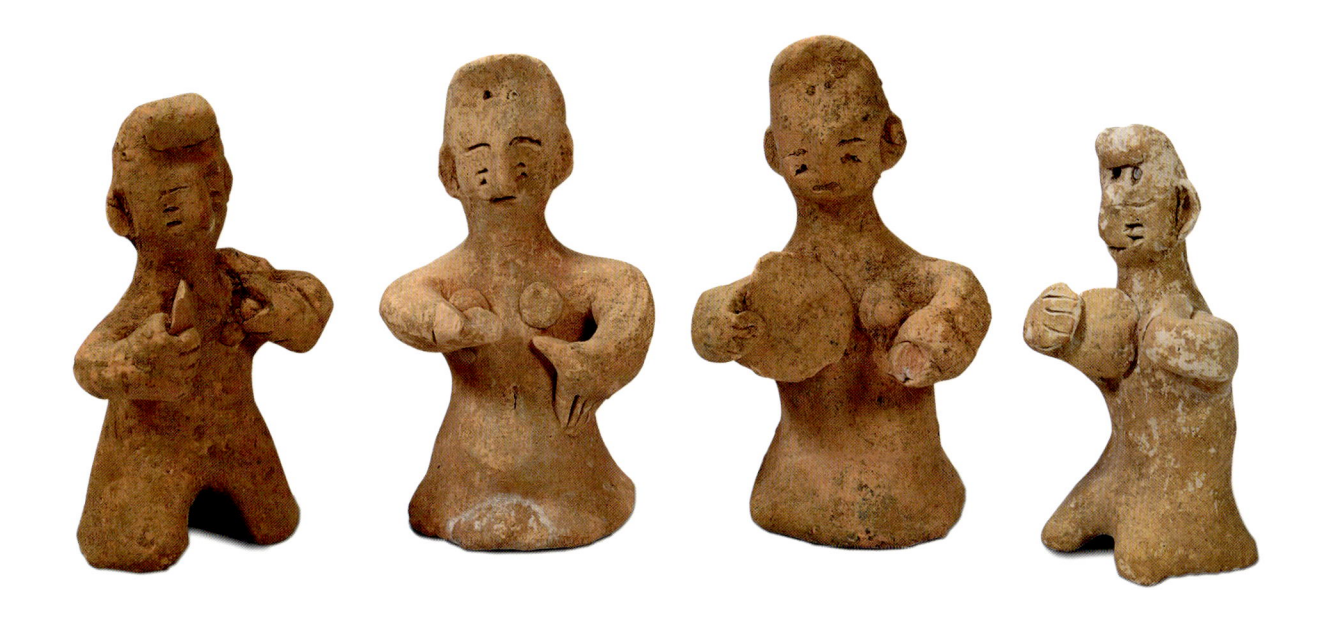

瓯骆汉风 管窥广西汉陶文化

伎乐俑
一组 4 个，高度在 10 cm—13 cm 之间

礼仪俑
一组 7 个，高度在 7.5—12.5 cm 之间

205

206

瓯骆汉风　管窥广西汉陶文化

单手托灯俑
宽 17 cm
高 24 cm

颐骆汉风　管窥广西汉陶文化

交脚俑灯
高 23 cm
宽 10 cm

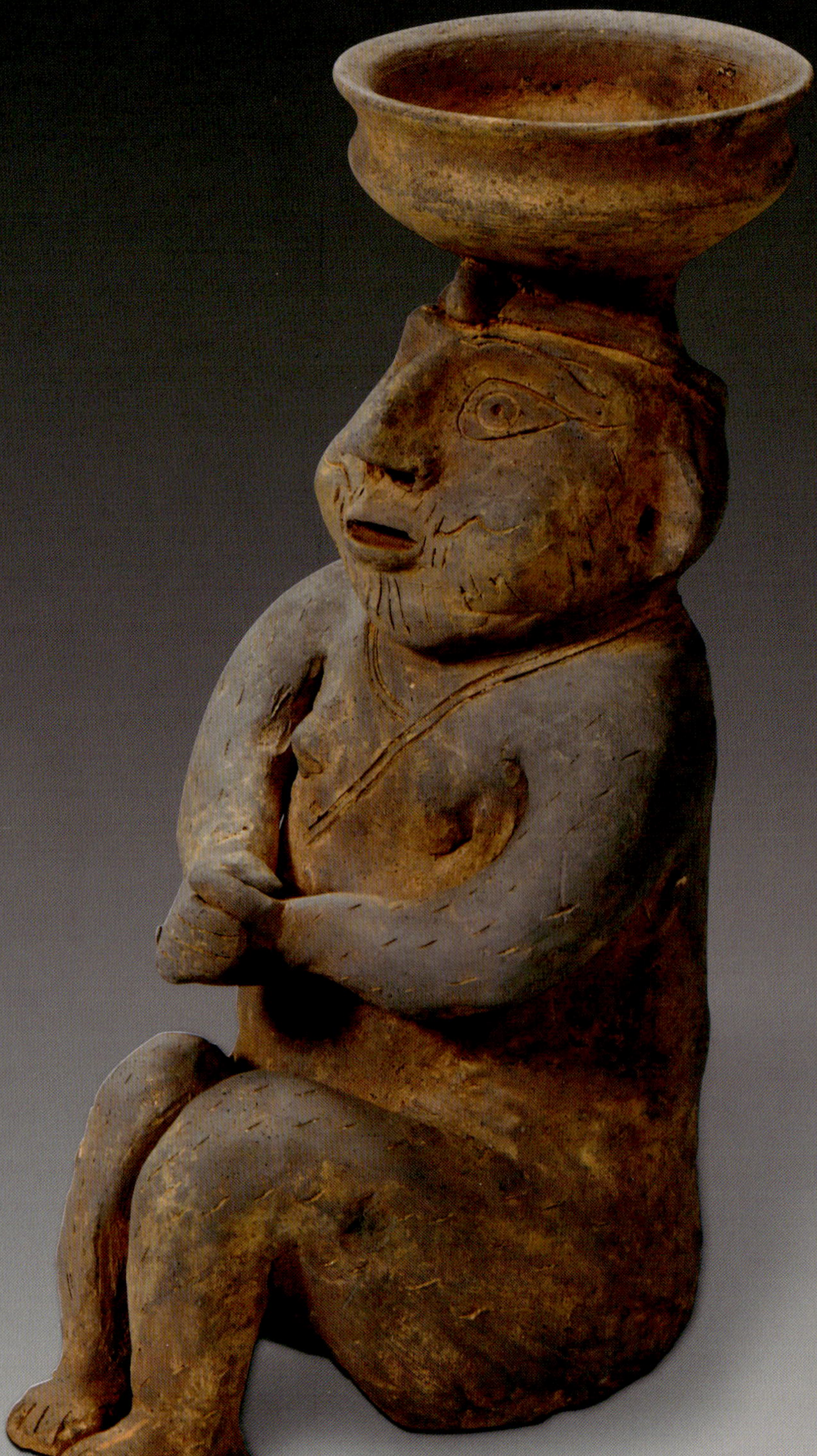

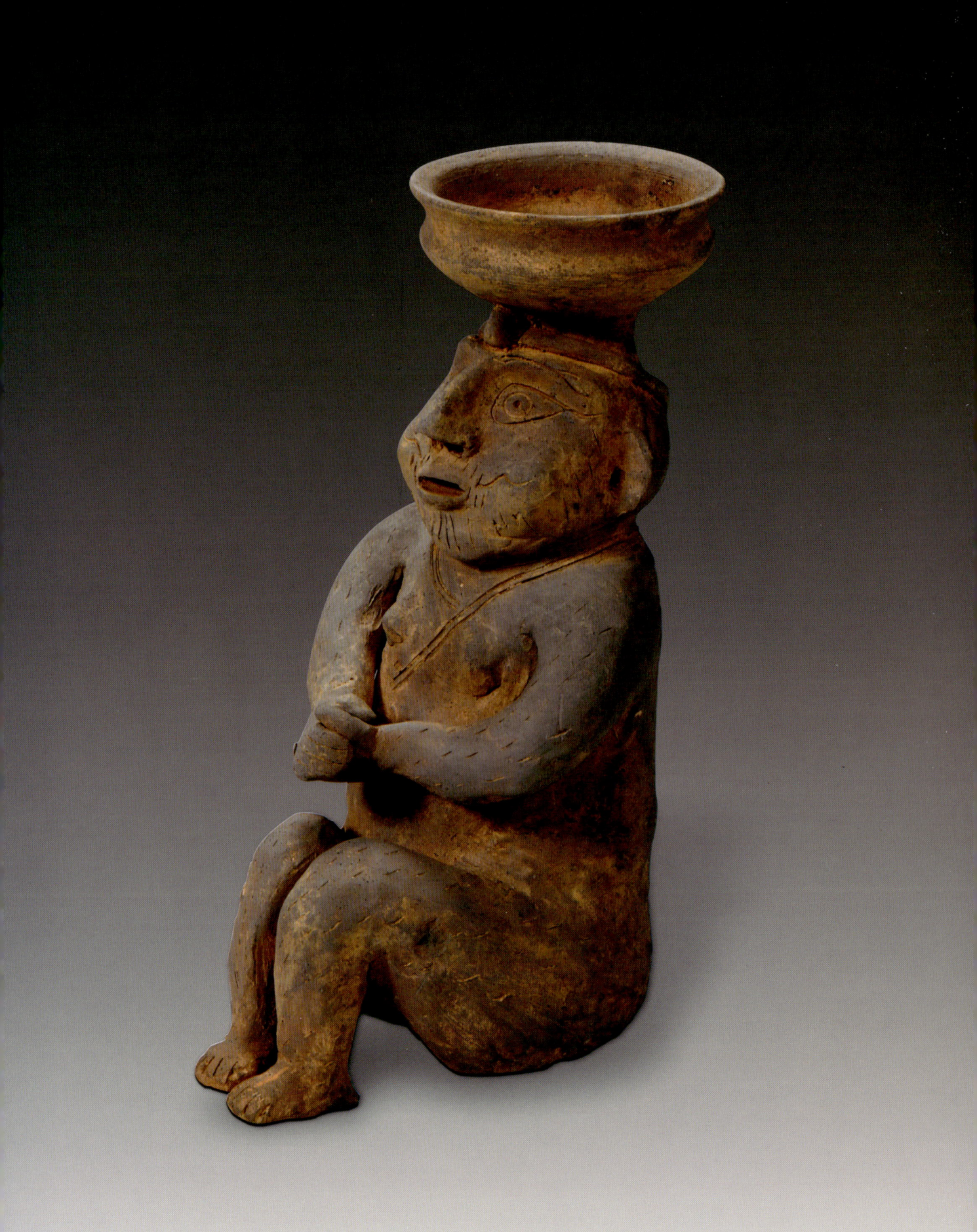

瓯骆汉风　管窥广西汉陶文化

箕踞抚膝俑灯
高 27 cm

←
箕踞交手俑灯
高 25.5 cm

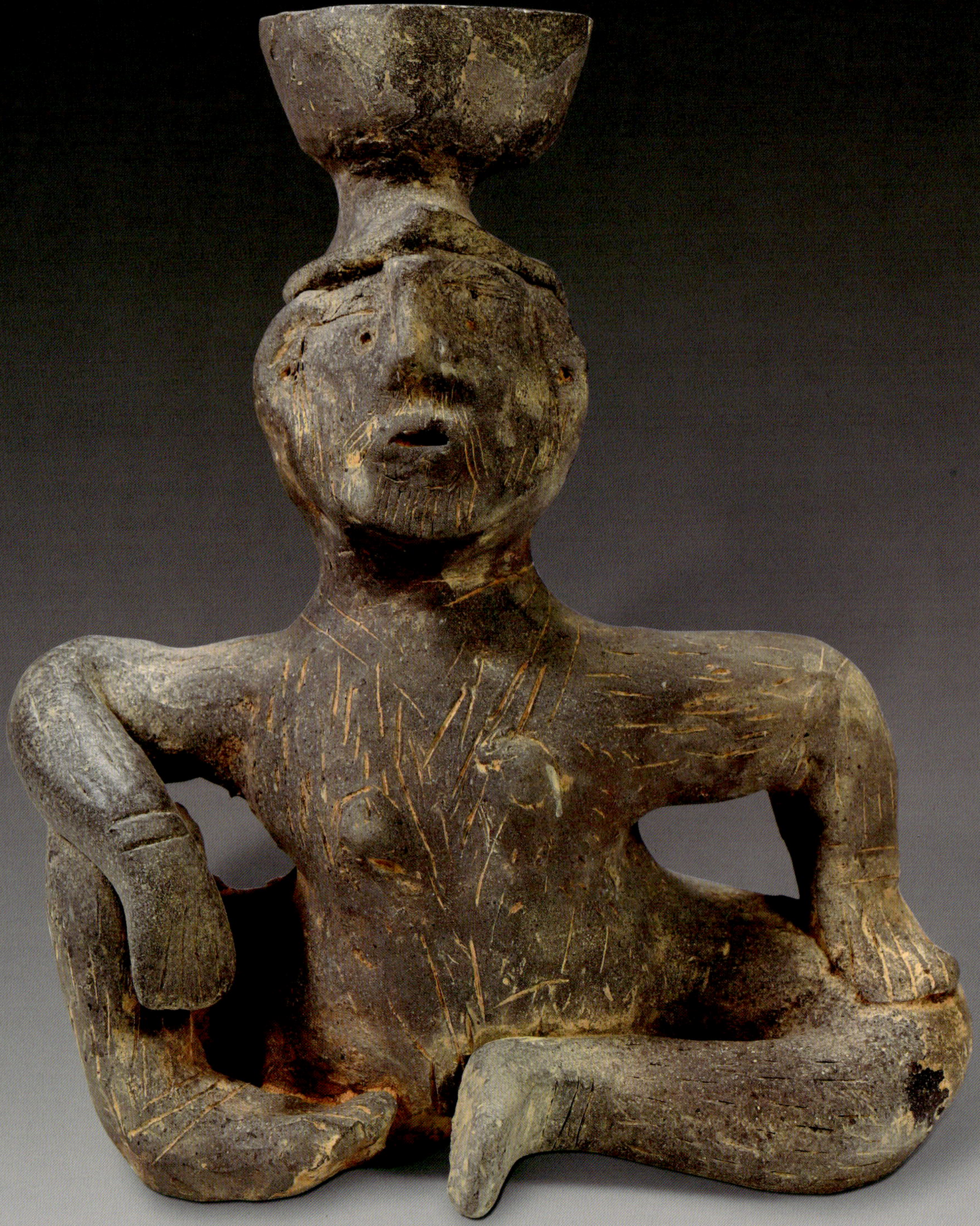

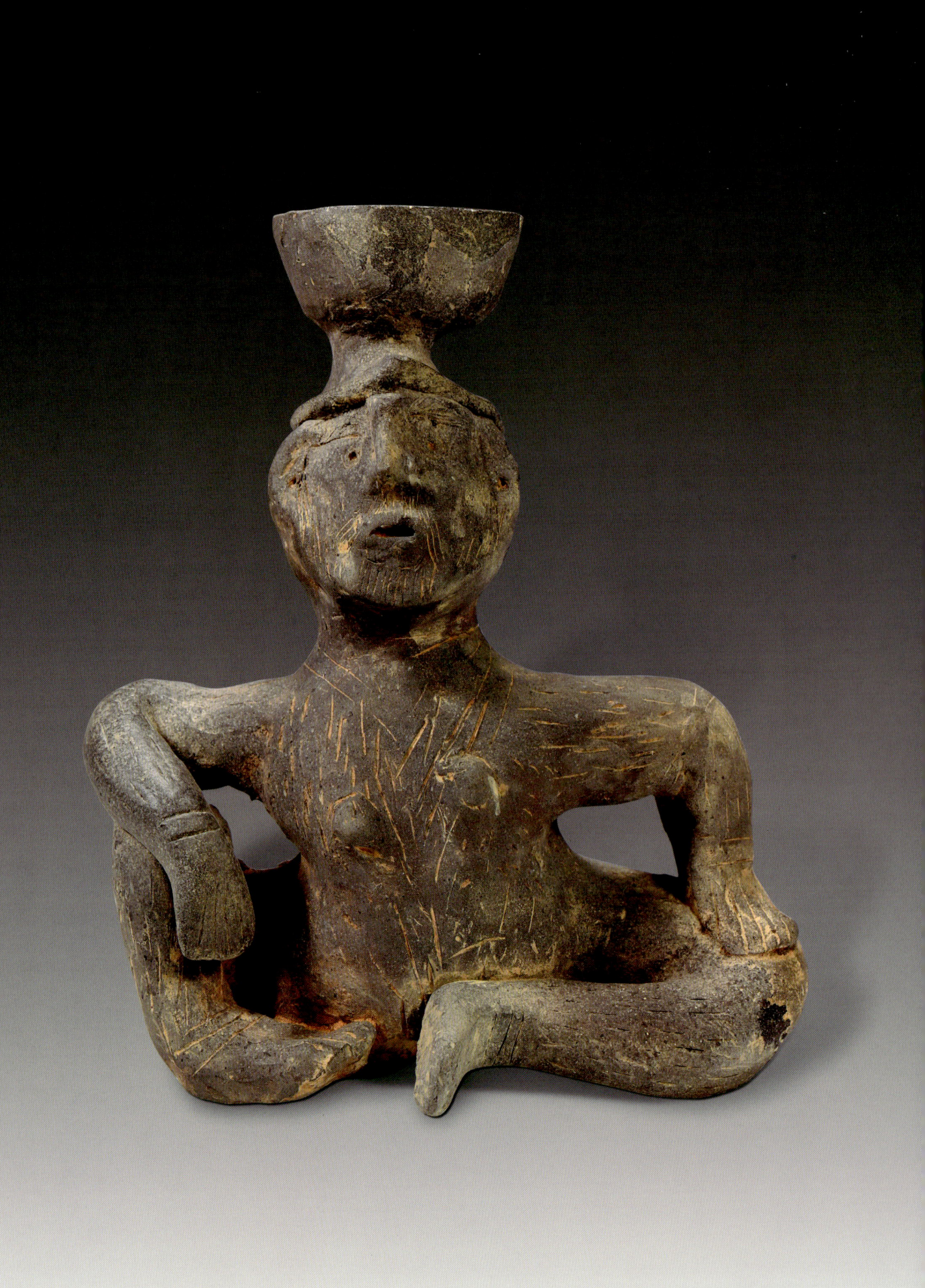

瓯骆汉风　管窥广西汉陶文化

盘腿俑灯
高 18.5 cm
宽 17 cm

屈腿俑灯
高 21.5 cm
宽 11 cm

水田牛耕俑
长 31 cm
宽 21 cm
高 11 cm

瓯骆汉风 馆藏广西汉陶文化

瓯骆汉风 管窥广西汉陶文化

灰陶黄牛
长 16 cm
高 8.4 cm

灰陶卧牛
长 16.7 cm
高 6.2 cm

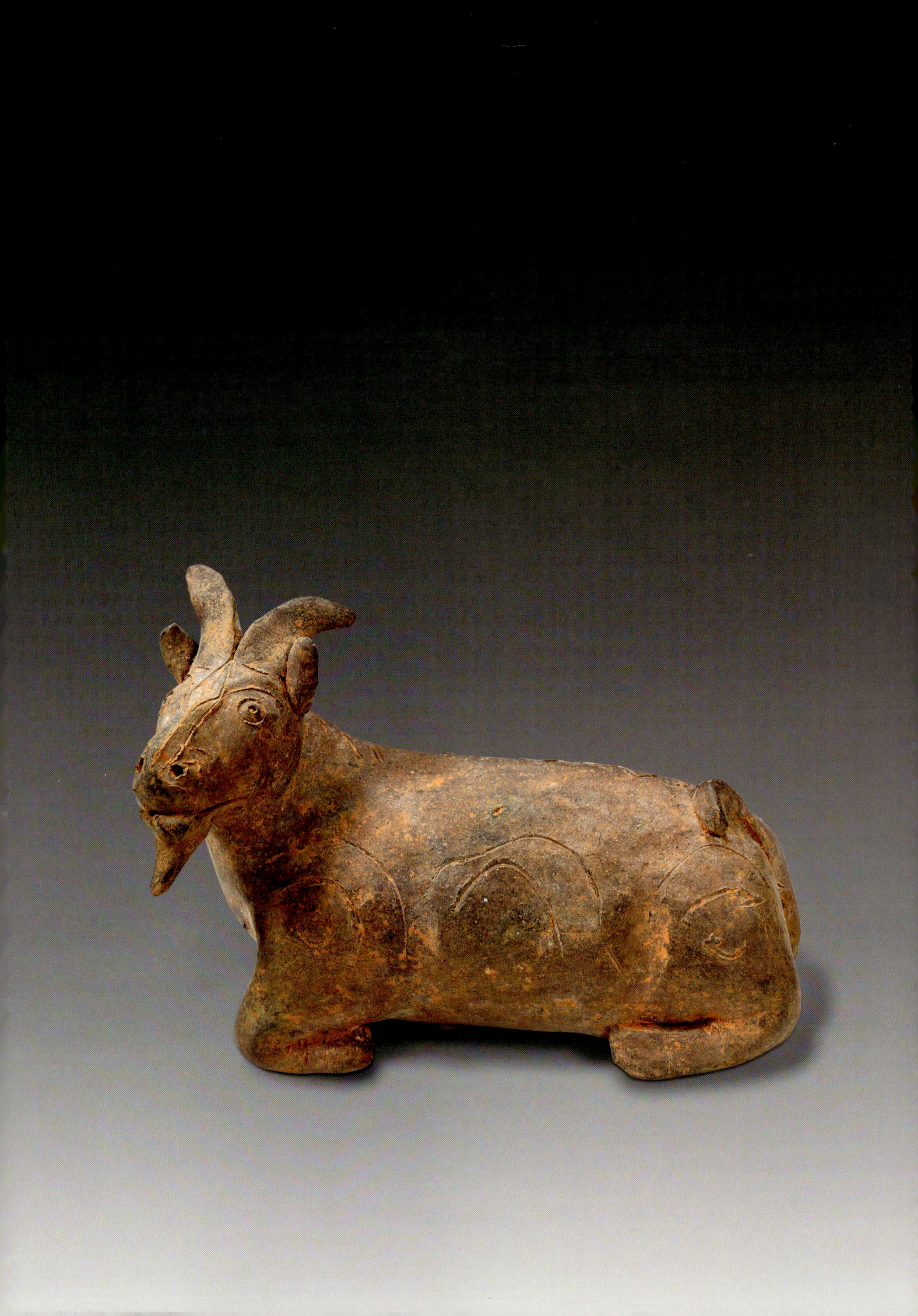

对鸭
左：宽 12 cm，高 8 cm
右：宽 12.5 cm，高 8.5 cm

对鹅：
左：宽 16.5 cm，高 11 cm
右：宽 13 cm，高 9.5 cm
对鸡：
左：宽 12.5 cm，高 9.5 cm
右：宽 11.5 cm，高 8 cm

鸡、鸭
鸡：长 26.3 cm，高 16.9 cm
鸭：长 26.3 cm，高 16.9 cm

←
灰陶跪羊
长 15 cm
高 13 cm

© 蒋廷瑜　梁秋芬　2018

图书在版编目（CIP）数据

瓯骆汉风：管窥广西汉陶文化/蒋廷瑜，梁秋芬主编．
—南宁：广西美术出版社，2018.11
ISBN 978-7-5494-1997-5

Ⅰ．①瓯… Ⅱ．①蒋…②梁… Ⅲ．①陶器（考古）—研究—广西—汉代 Ⅳ．① K876.34

中国版本图书馆 CIP 数据核字（2018）第 249948 号

瓯骆汉风
——管窥广西汉陶文化
OULUO HANFENG
—GUANKUI GUANGXI HAN TAO WENHUA

主　　编：蒋廷瑜
副 主 编：梁秋芬

出 版 人：陈　明
策划编辑：白　桦
责任编辑：钟志宏
责任校对：肖丽新
书籍设计：陈　凌
摄　　影：骆阳能

出版发行：广西美术出版社
　　　　　（地址：广西南宁市青秀区望园路 9 号　邮编：530023）
发行电话：0771-5701597
印　　刷：珠海市豪迈实业有限公司
开　　本：889 mm×1194 mm　1/16
印　　张：13.5
字　　数：50 千字
版次印次：2018 年 11 月第 1 版第 1 次印刷
书　　号：ISBN 978-7-5494-1997-5
定　　价：200.00 元

版权所有　翻印必究